お母さんが知らない
伸びる子の意外な行動

公立小学校教諭
齋藤 浩

草思社

はじめに

子どもが心配でたまらないのがお母さんです

私がこの本を書こうと思ったきっかけは、多くのお母さんたちが、
「〇〇すれば子どもは伸びますよ」
という子育て本を読んで参考にしているにもかかわらず、なかなかうまくいかない
という声を多々耳にすることがあったからです。その本の通りに実践しても、思った
ような成果が上がらないとき、
「これは私の取り組み方が悪いからだ」
と、自分の子育てを自虐的にとらえてしまうことがあるように感じています。でも、
本当にそうでしょうか。子育て本に書かれた内容の多くは、著者が正解だと感じた一
手法に過ぎず、けっしてすべての子どもに当てはまるわけではありません。それでも、
藁《わら》をもつかむ思いで、

「この通りにやっていけば、もしかしたらウチの子も……」

一縷《いちる》の望みを抱き、本に手を伸ばすようです。

私はけっして、ハウツーとしての子育て本の存在に異を唱えるわけではありません。

そうではなく、そもそもその子限定の本など、この世に存在しないと言いたいのです。

では、親は何を拠り所に子どもの教育に当たればよいのでしょうか。


「お母さん、今のままで十分いい線行ってますよ」

私が声を大にして言いたいのは、まさにここです。他の人の子育ての成功例など目にしなくても、子どもたちは十分今のままで立派な大人になると言いたいのです。

そうは言っても、いろいろな情報が飛び交ったり、外野からの声が聞こえたりすると、自信を喪失することもあるでしょう。

「子育てには、毎日のルーティンが不可欠です」

もし著名な教育評論家が声高に訴えたら、それが紛れもない事実のように聞こえてくるものです。

「そんなふうに育てていたら、気弱な子になってしまいますよ」

義母からの声が胸に鋭く突き刺さることもあるでしょう。

それでも、私は今のままで大丈夫だと言いたいのです。何も親のご機嫌取りをしたいわけではありません。これまで小学校の現場で多くの親と接している中で、大部分が正しい子育てを実践していると感じているからです。本書では、そのままの子育てがいかに正しい方向に向かっているのか、未来像や具体例を提示しながら述べていくつもりです。すべて読み終わったあとに、

「今までの通りでよかったんだ。心が軽くなった」

「何もそんなに心配することはなかった」

そう感じていただければ幸いです。すると、子どもたちは自然に変化していくでしょう。

「えっ、どうして？」

皆さんは不思議に思われるかもしれません。答えは、簡単です。子どもは信じてもらえれば、その期待に応えようとするものだからです。今のあるがままを受け入れることこそ、親にとっても子どもにとってもより良い結果につながると信じています。

contents

はじめに

Part 1

その"問題行動"の裏に、子どもの長所が隠されています

Part 2

その行動、コミュニケーション能力が高い証拠です

Part 3 その行動、主体性がある証拠です

1 学校での生活編

Part 4
その行動、チャレンジ精神がある証拠です

2 家庭での生活編　134

Part 5 その行動、ストレス耐性がある証拠です

おわりに――伸びる子は案外ヘンなんです　194

Part 1

その“問題行動”の裏に、子どもの長所が隠されています

ウチの子は真面目過ぎて心配という親

「先生。ウチの子、真面目過ぎませんか？　そこがとても心配なところなのです」

意外に感じられるでしょうが、クラス全員の親と面談すると、少数ですがこんな悩みを打ち明けられることがあります。ちょっと聞くと冗談のような悩みですが、親は至って真剣な眼差しです。

「では、不真面目な子にしたいんですか？」

質問を返すと、どの親も同じような内容を訴えてきます。

「いいえ。不真面目な子にしたいわけではありません。ただ、あまり真面目過ぎると、将来誰かに騙されたり、融通が利かずにうまくいかなかったりすることがあるのではないかと思って……。真面目なところはそのままに、もう少し不真面目っていうか、くだけたところがあってもいいのではないかと心配になるのです」

親の言いたいことが全くわからないというわけではありません。親にとってみると、子どもがどう育とうと心配になるものでしょう。それが高じて、誰もがうらやむほど真面目な子なのに、それすら短所ではないかと疑心暗鬼になってしまうようなのです。

「お母さん。真面目が一番です。真面目でなければ、何をやっても中途半端で大成しません。どの家庭も真面目な子に育てるために躍起になっているのに、そんなことを言ったら子どもがかわいそうじゃないですか。子どもがしっかり育ったということは、子育てがうまくいったという証《あかし》です」

「そうでしょうか?」

それでもまだ自信を持ち切れない親がいます。

「そうです。社会に出て誰かに騙されるのは、真面目に物事を考えられない子です。真面目に育った子は、物事を深く慎重に考えることができます。また、融通が利かないかもしれないと心配されていますが、『融通が利く=チャランポラン』という意味ではありません。真面目な子はコツコツ頑張るという基礎ができているので、その土台を基準にして案外融通が利く大人になるものです。対して、不真面目に育った子は人間としての基礎がしっかりしていないので、基礎から発展した応用、つまり融通の境地には達しないものです。真面目な子ほど万能なのです」

そこまで言ってようやく安心されるということが多くあります。

子どもはしっかり育っているのに、親だけが悲観しているというのは、妙な話です。それというのも、今の時代は絶対的な尺度がなくなってしまったからではないでしょうか。昔であれば近くに住む親戚や近所の大人が、その子のこと、育てた親の苦労を評価してくれたものです。でも、核家族が一般化し、なかなか近くに頼るべき大人がいないのが現状です。テレビを見ても、子育て本を読んでも、場合によっては不安ばかり煽るものになっています。そんな時代だからこそ、私は多くの親に伝えたいのです。

「その育て方で正解ですよ」

自分が真面目に育てた子に、そのように育てた自分自身に、私は自信を持ってもらいたいと思っています。自分の正しさを適正に評価できれば、不安に駆られることも減っていくでしょう。

親が将来の幸せを願って教育した結果できあがるのが、我が子というものです。愛と真心を注いで育てた方法が、そうそう間違っているはずがありません。正しく育っているのに、子どもに対して間違ったダメ出しをしてほしくないのです。もう一度言いますが、真面目に育ってどこに問題があるのでしょうか。そこに問題意識を持つこと自体に大きな問題があると、教師歴35年の経験から思わずにはいられません。

ウチの子は元気過ぎて心配という親

親の心配は尽きないと言いますが、本当にその通りだと感じています。しまいには、「ウチの子、元気過ぎて困っているんです。このままでいったら、元気を通り越して落ち着きのない子になってしまうのではないでしょうか?」

もはや健康も悲観の材料になってしまう有り様です。まさか病弱な子を望んでいるわけでもないでしょうが、やはり真剣な眼差しから冗談でないことは伝わってきます。

「元気がなければ、遊びも勉強もできないんですよ。元気は元気でも、お母さんは元気過ぎるって心配しているようですが、他の子と比べて突出しているというほどでもないですよ。まあ、どの子も似たり寄ったりです」

他の子の例を出すことで、ようやく落ち着きを見せるといった様子です。

そもそも、ここまで親たちを不安に駆り立てる要因とは一体何でしょうか。面談の際、ある母親に理由を聞いてみました。

「今、教室で席に座れないといった多動が、よく話題になるじゃないですか。ウチの子が教室内を歩き回るという様子はまだないようですが、このままひどくなっていくと、そうした事態もあるのではないかと思って……。直せるなら、早いうちがいいと思って相談したのです」

要するに、元気なのか多動なのか区別がつかず、一人悩んでいたというのです。実際に書店に出かけて本を買い求めると、なるほど子どもの行動といくつか当てはまる要素があり、さらに不安になってしまったとのことでした。

「子どもの多動についての本を読むと、じっとしていられない、しゃべり過ぎるなど、多動に見られる傾向の多くが、ウチの子に当てはまっていました。家の中でも、一年中動き回っているんです。片時もじっとしていないというか……。本に書いてあるのだから、まず間違いないと思うじゃないですか」

この、「ウチの子にも当てはまるのではないか……」というとらえ方が、心配の元凶です。私も体調が悪く、自分の体にあらわれている症状をネットの情報で検索してみたとき、余命幾ばくもない重病に該当して、不安に駆られた経験があるのでわかります。しかし、本来であれば、あらわれている症状という一端だけを見るのではなく、その子自身を総合的に見て判断すべきところでしょう。

それでも心配が尽きないのが、母親という存在だと思います。しっかり栄養を摂らせ、体を動かす機会を意識して作ってきたからこそ元気な子になったのに、あろうことかその元気さを奪おうとしているのだから驚きです。理想的な子育てをしてきたのに、それを自らダメ出しするなんて何ともったいないのでしょう。元気な子は中学校に行っても部活動を頑張ることができ、受験勉強をしても長時間椅子に座っていられます。元気さはすべての活力の源なのです。

「でも……」

という声が聞こえてきそうなので、もう一度エールを送りたいと思います。

「お母さん、その育て方で正解ですよ」

社会に出て必要な力とは？

学校は、子どもを社会に出す準備機関として存在しています。家庭も同様です。子どもを一生家庭に置いておくわけではなく、やがて社会に出て働き、親がやってきたことと同じように、子どもも自分の家庭を持って幸せに暮らすことを願い教育しているわけです。だとすると、社会に出たときに必要だとされる力を、子どもの時分から獲得していく必要があります。

では、社会に出たときに必要だとされる力とは、一体何でしょう。経団連の『新卒採用に関するアンケート調査』（2018年、597社回答）によると、選考にあたってとくに重視した点として、次の6つを上位に挙げています。

・コミュニケーション能力（82・4％）
・主体性（64・3％）
・チャレンジ精神（48・9％）
・協調性（47・0％）
・誠実性（43・4％）
・ストレス耐性（35・2％）

7位の論理性が23・6％であることを考えると、この6項目が突出して高い数字を出していることがわかります。2010年の調査では、上位からコミュニケーション能力、主体性、協調性、チャレンジ精神、誠実性、責任感であることを考えると、ストレス耐性が新たに上位に入ってきたことが特徴と言えます。仕事が複雑化し、人間関係も難しい職場内にあり、ストレスに強い人材を欲してきているのです。

本書では、上位ベスト3のコミュニケーション能力、主体性、チャレンジ精神に加え、ストレス耐性の4つを社会に出て必要な力として扱おうと考えています。現役の小学校教師として日々子どもたちと対峙している身としては、これらの大切さを身に染みて感じているからでもあります。この4つが身に付いていないと、友だち関係でさえ上手に築けません。いじめとは言えないケースでも、

「学校に行きたくない」

という事例が増えているのは、ちょっとしたハードルでさえ乗り越えられない子どもたちの様子を顕著にあらわしているとも言えます。

まず、第1位のコミュニケーション能力については、いつでも、どこでも、誰とでも付き合うことができる力量と言えるでしょう。40歳を迎える営業職の教え子がこんなことを言っていました。

「先生。職場は外国人だらけですよ。彼らは自己主張が強いから、遠慮なんてしていたら、すぐにいいとこ取りされます。謙虚さって日本人の良さだとは思いますが、職場ではマイナスなことのほうが多いです。どこの誰が相手でも対等にやろうっていう気がないと、足元をすくわれることすらあります」

併せて主体性がどれだけ大切かも力説していました。

「自分で考えてやるように言うと、固まってしまう新人が多いんです。どうして固まっているのかと聞くと、何からやったらいいのかわからないっていう答えで……。

会社は効率化、効率化ばかりで圧倒的に人が少なく、本当なら教えている時間なんてないんですが、まあ仕方ないので面倒見てます。その分、帰宅時間が遅れますが……」

アパレル会社で働く30代の教え子は、会社に入ってくる新人のメンタルが弱いことをこんなふうに愚痴っていました。

「先生。入ってしばらく経つ子に、〝失敗してもいいからやってみな〟って言ったんですけど、全然動こうとしないんです。訳を聞くと、やってみて本当に失敗したら、大変だって。フロアのレイアウトを考えるだけだから、まずいと思ったら直せばいいだけなのに……。それができないって言うんです」

チャレンジ精神とストレス耐性が身に付いていないのが理由でしょう。眉間に皺《しわ》を寄せながら語る彼女の様子に、私は深い感慨を覚えました。小学生のときには私の腰くらいまでの身長しかなかった子が、堂々と社会に出て新人を束ねていたからです。

もう一つ、興味深い結果が出ています。同じく2018年に行った調査で、学業成績がどのように重視されているかという点です。一般常識6・5%、語学力6・2%、履修履歴・学業成績4・4%と下位に沈んでいるのが特徴です。何を知っているかではなく、何ができるかを重視している証でしょう。社会に出て必要な力とは、まさにそこなのです。

子どもは意外なところで伸びている

親ほど、子どもを大切に思う存在はいません。

「この子のためなら、我が命さえ差し出そう」

そう思うことすらあるでしょう。だとしたら、子どもが生涯にわたって幸せになるように教育していこうという気持ちは、どの家庭でも共通なはずです。間違っても、子どもを悪い方向に導こうとする親など、いようはずがありません。子どものことを真剣に考え、子育てに悩んだら本を読み、家族だけでなく知人や友人にもアドバイスをもらう。そのような努力を積み重ねた親が大部分なので、育て方を大きく逸脱しているとは考えにくいのです。

真面目だったり、元気過ぎたりすることを悩む親も、間違いなく正しい方向に子どもを育てていると断言できます。まず、真面目に育った子は、何に対しても一生懸命取り組むことができます。

「誰とでもコミュニケーションを取れる子になろう」

と言われれば、自分から進んで人と関わろうとするでしょう。

「何でもチャレンジしないと駄目だよ」

と言われれば、学級委員に立候補したり、自信がなくても手を挙げて発言したりするものです。真面目さは、すべての能力を支える土台であると言えます。

元気に育った子は、自分から行動しようとするものです。休み時間に教室を飛び出して校庭に出ていくような子は、間違いなく元気です。子どもにとっての遊びとは、最も積極的に発揮できる主体性そのものであると言えます。

『子どもは自由だから遊ぶのではなく、遊ぶから自由になれる』

ドイツの教育学者、ヘルマン・レールスが遺した言葉です。遊びは、子ども同士で負荷をかけ合うこともあり、自然に我慢することを覚える機会ともなります。元気な子は、持ち前のバイタリティを生かして、生きる術を学んでいくことでしょう。

実は、多くの親の子育て方法は、こうしていい線を行っていることが多いのです。正しい方向に進んでいるのだから、

「自分は大きく間違ってはいない」

自信を持ってほしいと思います。そうはいっても、親からの相談は引きも切らないのが現状です。

「ウチの子、家に帰ってると、最近一人で縄跳びばかりしていて、ちっとも友だちと遊びに行かなくなりました。先生、どうしたらいいですか？」

一人でいられないと悩んでいる親からすると、何と素っ頓狂な悩みでしょうか。大切なのは、なぜ毎日縄跳びをしているかです。

「わかっています。今、体育で縄跳びをやっているから、スタンプカードをいっぱいに貯めたくて練習しているんです」

「わかっているなら、いいじゃないですか」

と言っても親の心配は尽きません。どうも、このまま友だちと疎遠になってしまったらどうしようかと思っているようなのです。大切なのは、縄跳びという行為が、主体的な選択なのか、やることがなくて仕方なく取り組んでいるかです。自分の意志でやっているのだとすると、そこには主体性やチャレンジ精神だけでなく、ストレス耐性もついてきます。これだけの能力が身に付けば、その子の将来は安泰だろうと思います。

そもそも、一つのことに没頭できるように教育してきたのは、紛れもないその子の親なのです。全部の技ができるまで頑張れるように育ったことに、親として誇りを持つべきです。いい線どころか、素晴らしい子育て術です。それにもかかわらず、なか

なか納得した表情を見せてくれません。親の言い分だと、

「縄跳びも大切ですが、友だちと遊んだり、宿題以外にも自主勉強をしたりと、もっとバランスよく過ごしてほしいんです」

聖人君子を求めるような要求になるのです。これだと、せっかくいい線行っていても、すべてが水の泡になってしまう恐れがあります。子ども自身、自分の判断で主体的に取り組んでいることが、実は悪いことなんだと曲解してしまう可能性があるからです。

「いいえ、悪いなんてことはないですよ。あなたが育てた子どもは、立派に成長しています。大切なのは、元々正しいご自身の育て方に自信を持ち、外野の声に振り回されないことです」

こんな言葉を何度かけたかわかりません。

間違ったダメ出し、していませんか？

勉強に興味を持ち、自ら進んで学習しようとすることはとても良いことです。学力が上がるという狭義にとどまらず、主体性、チャレンジ精神、ストレス耐性といった

広義の〝生きる力〟が育まれるからです。点数という結果ではなく、学びのプロセスにこそ真の意味があります。親はそうしたことがわかっているはずなのに、子どもに間違ったダメ出しをしてしまうケースが後を絶ちません。

「だって、ウチの子ったら、帰ってきたら勉強ばかりしているんです。勉強も大事ですけど、近所の子と遊んだり、運動したりすることも大事じゃないですか。それが最近は勉強ばかりしていて……。頭でっかちな子になるのではないかと、気が気ではありません」

さて、その親がどうしたかというと、子どもにあまり勉強し過ぎるのは止めるように言いました。納得しないのは、子どものほうです。

「せっかく勉強が面白くなってきたというのに、ママがあまりするなって言うの。別に友だちがいないから暇で勉強してるんじゃなくて、今はまっている勉強があるんだ」

「理科の実験だろっ?」

私が訳知り顔で言うと、男の子はニヤッと笑いました。

「そう。理科の実験ってさあ、始めるまではちょっと面倒なんだけど、一度スタートさせるとはまるんだよね。ゲームなんかより、よっぽど面白い。でもさあ、ウチのママは、友だちとゲームしてるほうが安心みたいだから……」

これは完全に親が間違ったダメ出しをしたケースです。そもそも、親子の間で必要なコミュニケーションが取れていないところからして問題です。

主体的に勉強できるようにしたのは、親が教育した功績に他なりません。自分から勉強する姿勢を持つ子を育てるのは、至難の業です。一つのことに没頭するのはストレスがかかることであり、そう簡単に定着させられません。そんな困難な課題を解決して見せたのに、今度は禁止すると言うのです。混乱するのは子どものほうでしょう。

「頭でっかちになったら……」

なんていう親の悩みなど、子どもは知る由もありません。仮に知ったとしても、ピントがずれた指摘なので子どもが納得するはずがないのです。いずれにしろ、親子で築いてきた武器が消滅する危機に瀕するというわけです。

勉強に関しては、もう一つよく聞かれる相談があります。それは、主体的な学習が、同じ教科の勉強に偏っているというものです。

「先生。ウチの子の勉強、算数にばかり偏っているんです。本当は作文や読書、読解問題にもチャレンジしてほしいんですが、数字ばかり追いかけていて……。最近では訳のわからない魔方陣にはまっているんです。好きな勉強ばかりしていないで、いろいろな教科を万遍なくやってほしいと思っています」

この子が魔方陣にはまるあまり、宿題を疎かにしているならば問題と言えましょう。でも、宿題などやるべきことをしっかりこなし、自分の空いた時間で好きな勉強に打ち込んでいるのです。自分が打ち込めるものを見つけたら、とことん追究するようにするという良い教育をしてきたのに、こんなことを言うようではせっかくの長所が台無しになってしまいます。

「バランスよく取り組んでほしい」

多くの親がよく言う台詞ですが、そのバランス自体、親が良しとする感覚に他なりません。正しいバランス感覚とは何なのか、誰にも論じることはできないはずです。

間違ったダメ出しは、今まで積み重ねてきた親の教育を無にしてしまう恐れがあります。私はせっかくいい線行っていたのに、なぜここでダメ出しするのかという事例を多く目にしてきました。それは外野からの声を気にするからに他ならないでしょう。

拙著をお読みいただいている皆さんには、ぜひ今まで育ててきたスタイルを貫いてほしいと思っています。

Part 2

その行動、コミュニケーション能力が高い証拠です

コミュニケーションとは分かち合い

コミュニケーションとはラテン語に由来して〝分かち合うこと〟を意味します。私はその時々の状況に応じて、「いつでも、どこでも、誰とでも意思疎通を図れる力」だと考えています。単に話す、聞くだけではない、相手との信頼関係にまで発展させられる力のことです。そのために不可欠なのは、まずは相手に働きかけようという姿勢です。この働きかけが簡単なようで、なかなかできるものではありません。

まず、最も簡単なコミュニケーションの入り口は、挨拶でしょう。でも、この挨拶が子どもたちにとって高いハードルになっているようです。多くの小学校で挨拶運動が続いているのは、裏を返せば挨拶が一向によくならないという実態を物語っているのです。年度当初、クラスの子どもたちに挨拶を進んでするように伝えても、なかなか定着しません。理由を聞いてみると、

「恥ずかしいから」

「挨拶をしようと思っても大きな声が出ない」

というものが多くあります。驚いたのは、

「失敗したらどうしようと思う」

という予想外の意見を聞いたときのことです。どうしてそんなにビクビクするのか聞いたところ、きちんと相手に伝わらなかったら焦ってしまうというような意味のことを言っていました。朝なら〝おはようございます〟、帰りは〝さようなら〟と正解が明確なように感じられますが、どうも一部の子どもにとっては高いハードルになっているようです。

その隠れた本当の理由を、いつも屈託のない挨拶をしてくれる3年生の男の子が教えてくれました。

「先生。僕、その気持ちわかる。学校ってさあ、どの先生も黙って話を聞きなさいって言うでしょ。僕たちは余計なことを言わないようにして、じっとしているのがいいと思うようになるんだ。でもさあ、先生が問題を出した途端、手を挙げなさいって言う。今までじっとしていたのに、急に声を出すように言われても難しいんだと思う。それがひどくなると、間違えたらどうしようって思うんだ。そうでしょ？」

失敗しないかビクビクすると言っていた友だちに確認すると、その子はこくりと頷《うなず》いていました。なるほど、そう言われてみればその通りかもしれません。私たち大人は知らないうちに、自分たちの都合で、

「黙って聞いていなさい」

「自分の考えを持ってきちんと話しなさい」

と言っていたのです。それでは、ブレーキとアクセルを同時にかけているようなものです。まずはコミュニケーション能力を高める前提として、自分から働きかけようという姿勢にはブレーキをかけるべきではないと考えます。

次に、落ち着きのないおしゃべりとコミュニケーション能力が高いことの区別は、まさに紙一重だという認識を持つことが必要です。コミュニケーション能力が高い子は、概しておしゃべりで自己主張が強いものです。この特徴を見極めないと、子どもの伸びしろを奪うことにもなりかねません。

「思っても、口に出してはいけないんだ」

まだ素直な子どもたちは、そう思ってしまうからです。やがては口に出せないくらいなら、考えるのも止めてしまおうということになるでしょう。世の親御さんたちには、無意識に子どもの伸びしろを奪っているかもしれないという事実を知っておいてほしいと思います。

「えっ、でも……」

と感じている皆さん。子どもたちは案外いい線で育っているものですよ。

1 学校での生活編

子どもたちの学校生活を見ていると、元気で何しろおしゃべりが止まらない子がいるものです。あまりにうるさいので、

「静かにしていなさい」

と、頻繁に注意される子もいます。学級全体を考えると、確かに落ち着いた環境で学ばせるというのは必要不可欠な条件です。ただ、私たち教師の立場からすると、その子のためというより、静かなほうが授業を進めやすいという自分たちの都合でそうしている場合もあります。

静かなのか、うるさいのかという物理的な問題として済まさず、その子のコミュニケーション能力が付いているのか、付きつつあるのかという観点から見ていかなければなりません。そうしないと、見当違いな注意や助言になってしまう危険性もあるでしょう。子育てが悪循環に陥ることは回避しなくてはなりません。

給食中でもおしゃべりが止まらない

子どもたちがまだ赤ちゃんだった頃は、抜群の自己主張を発揮していました。思っ

たり感じたりしたことを口にするのに、何も憚《はばか》るものがありませんでした。では、いつから自己主張することを敬遠するようになってしまったのでしょうか。子どもたちに聞いてみると、小学校に入学してからだと言われたのには心底驚きました。

「必要なとき以外、静かにしていなさい」

「どうしても話したいときは、手を挙げて発言しなさい」

教師の許可を受けない発言＝悪だと思うようになったのだと言っていました。この価値観は親も共有していると思います。

「ウチの子、給食のとき静かに食べていますか？」

家でも食事中におしゃべりが止まらないから、学校での様子を心配した親がした質問でした。

「いいえ」

と答えると、家に戻って子どもを指導したようで、この日を境に、子どもの給食中のおしゃべりがすっかりなくなりました。

でも、考えてもみてください。なぜ、給食中でも友だちや担任と話をしたいのでしょうか。それは、話をしたいことが体から溢れ出ているからなのです。おしゃべりした結果、給食を残すようなら問題がありますが、ちゃんと完食するならその程度で目くじらを立てる必要はないと思います。家での食事中も同様です。

「今日学校でこんなことがあったよ」

食べながらでも、子どもは親に言いたくて仕方がないのです。それならば、食事に時間がかかってでも聞いてあげればいいではありませんか。それでも、親は心配なのでしょう。

「学校でもおしゃべりが過ぎて顰蹙《ひんしゅく》を買っているのではないか？」

「周りのお友だちに迷惑をかけているのではないか？」

周りの目も気になり、不必要な指導に発展することもしばしばでしょう。

結論を言います。給食中ただ静かに食べている子と、完食を前提におしゃべりしながら食べている子とを比べてみると、明らかに賑やかに食べている子のほうがコミュニケーション能力が高いです。脳が食べるという行為だけに集中するのではなく、同時にしゃべるという活動と両立させられているからです。コミュニケーションを取ることとは、同時に何かをすることです。自分の思いを伝えながらも、相手の心情や立場を理解し、同時に今の対話がどのような方向に向かっていくのかを見定めるといった複数の活動を進めることです。だとしたら、けっして食事中のおしゃべりを否定すべきではありません。

よく言われるのがイタリア人の食事時間の長さです。家族の食卓では、その日にあったことをみんなで話し合うそうです。友人との外食では最近の近況や噂話を語り合い、ビジネス仲間とは自分のやっている仕事や相手の仕事に対する評価などを行うそうです。

「本当のメインは食事ではなく、実はおしゃべりなんです」

知り合いのイタリア人が言っていた言葉です。あのフレンドリーな気質は、我々日本人も手本にすべきでしょう。

ところが日本の給食時間では、黙って食べることが美徳になっているのです。クラスによってはモグモグタイムと称し、黙々と食べる時間帯を設定していると耳にします。食事中は一切私語を禁止するクラスもあるようです。同じように学校教育を受けてきた親が、同等の価値観を持っていたとしても不思議ではありません。本来であれば、30分の給食時間を黙って15分で食べ終わるところ、おしゃべりして25分で食べても完食さえすれば問題ないと思うのですが、そうはいかないようです。しつけの一環ということになるのでしょう。

ただ、社会に出て必要な能力とは、言うことを黙って聞く規律性ではなく、相手と意思疎通を図れるコミュニケーション能力なのです。食事中に黙って食べることしかできない子が、大人になり大事な商談をまとめられるとは思えません。

「お母さん、給食中でもおしゃべりが止まないような子で正解です」

もう一度声を大にしてそう伝えたいです。

ときに取っ組み合いのケンカをする

そう言えば、最近ケンカをする子が減りました。児童指導専任教員として校内で起こった事例は報告するように言っていますが、取っ組み合いのケンカをしたというものはほとんどありません。年間を通してゼロ件ということもあるほどです。「ケンカ＝イジメ」ととらえられるようになり、ケンカは悪だというレッテルを貼られたためだと思われます。以前は、

「ケンカするほど仲が良い」

「ケンカして初めて相手と仲良くなれた」

そう言われたものですが、今ではすっかり耳にしなくなりました。

コミュニケーション能力の基本が意思疎通だとすると、ケンカは双方向で繰り広げられる最大のものと言えるでしょう。

「お前のせいだろっ」

「何言ってるんだよ？　悪いのはそっちだろっ」

自分も怒っているが、相手も怒っているということを正確に理解できます。間違いなく、意思がしっかりと疎通している状態です。普段は心の中に秘めていることも、ケンカになると余すところなく吐き出すことができます。吐き出すだけ吐き出せば、あとはすっきりとし、大の親友になれるのもわかるというものです。

その大切なケンカが、家庭や学校の厳重な取り締まりにあい、消滅の危機を迎えているのです。ケンカとイジメは全くの別物です。あくまでも対等な関係の中で行われるのがケンカです。それが混同されることで、怒りを表出させる場としてのケンカがタブー視されるようになったのです。ただ、子どもたちの怒りは、どこかに持っていかなければなりません。表立ってやると、親にも教師にも注意されるでしょう。そこで積極的に活用されるようになったのがSNSです。SNSの問題点は、

「お前のここが気に入らない」

と、正面切ってコミュニケーションが図られるのとは異なり、地下に潜ったまま一方的な言い分が溜まっていくところにあります。SNS上で中傷されたアイドルや俳優が死を選んだという痛ましいニュースを耳にするたび、この先どうなってしまうのだろうと不安になってしまいます。それでも、ケンカを良しとする声がどこからも起

きないのは、やはり周りからの中傷を避けたいがためでしょう。

その影響を受け、親たちもケンカに対して敏感になっています。ごく稀な例になってしまいましたが、子どもがケンカをしたと聞くと、

「相手のお子さんにケガはなかったんですか？」

電話越しにも慌てている様子がわかります。大丈夫と伝えても、相手の家にそれはそれは丁重な電話を入れ謝罪をするようです。もっとも、ぶったり悪口を言ったりしたのはお互い様なので、そこから揉めることはまずありません。ただ、今後は二度とケンカしないよう、双方の家庭で子どもに言い含めるのでしょう。年を追うごとにケンカの事例が減っていくのも、頷けるような気がしています。

ケンカはときに相手をぶちますが、相手にもぶたれます。悪口を言った分、相手からも応酬を受けます。つまり、究極の自己表現を通して、痛みを知る場でもあると思っています。ケンカもせず、言い争いもせず、子ども同士いい塩梅《あんばい》でコミュニケーション能力を磨いていくことなど、現実的には難しいのではないでしょうか。

「ああ、ちょっと言い過ぎたな……」

といったところから、だんだんと加減を知っていくものです。失敗を重ねながら、学んでいくのが子どもです。そうであるならば、ケンカは貴重な経験であり、けっし

て失敗などではありません。従って、子どもがケンカをしたなら、一方的でない限り悲観する必要はないでしょう。

「ケンカするほど元気な子に育てるなんて、なかなかいい家庭教育をしてきましたね」

今度ケンカをする子がいたら、親にはそう伝えたいものです。

嫌いなおかずを食べたくないと言い張る

誰しも好き嫌いはあるものです。私も教師という職業柄、子どもたちには好き嫌いなく食べている様子を見せますが、実はピクルスがどうしても食べられません。そんなときは、

「みんながお代わりできるように、先生は要らないよ」

ごまかして食べないわけですから、卑怯と言えば卑怯です。滅多に出ないメニューなので、幸いなことに今のところ子どもたちにはばれていません。

嫌いなおかずが出たときの子どもたちの反応を見ていると、三つのパターンに分かれます。一つ目は、頑張って食べようとする子です。食べ切ったとしても、結果として残してしまったとしても、これは言うまでもなく頼もしいタイプです。嫌いでも頑張れるというのは、ストレス耐性が身に付いている証拠でもあります。この子は、こ

うやってこれからも数々の困難を乗り越えていけるでしょう。二つ目のパターンは、はじめから食べるのを諦めて残してしまう子です。一口食べただけで顔が苦痛に歪んでいるので、相当嫌いなのでしょう。ただ、

「先生。絶対に無理です」

とだけ言って、けっして強く自己主張することはありません。三つ目は少ない例ですが、どうしても無理だと訴えてくるというパターンです。

「先生。生まれてから、ずっと焼きそばが嫌いなの。見ているだけで、気持ち悪くなってくる。焼きそばだけは許して」

稀にそう訴えてくる子どもたちを、同僚たちは是としないようです。

「食べられるところまで食べなさい」

と言うのはまだ良いほうで、面談で親に苦言を呈することもあると聞きます。苦言を呈したからといって、子どもが急に食べられるようになるわけではないというのに。

「家でも練習します」

結局、親も折衷案的な申し出をすることで、給食お残し事件は解決となるのです。

ただ、ここで注目したいのは、食べられないと主張する子どもの評価です。私は頑張って食べようとする子と同等に価値があると思っています。親や担任に、

「自分はどうしても食べられない」

と伝え、理解を求めているからです。つまり、意思疎通を図ろうと試みているからです。場合によっては、この申し出が相手に拒否されるリスクもあるのです。印象を悪くしたり、周りの注目を浴びたりする可能性があるからです。それでも訴えるというのは、コミュニケーション能力が高いと言わざるを得ません。

子どもたちは、多かれ少なかれ今後の人生で大きな障壁にぶつかるでしょう。乗り越えられる障壁もあれば、トライしても無理なものもあるでしょう。そんなときは、

「頑張ったけど、無理でした」

と、潔く敗北を認めることも生きる術の一つです。少なくとも、無理なことをできると言い、結果的にとんでもない事態を引き起こすよりはましです。親の多くは、もし子どもが学校でそんなことを言えば、

「いい加減にしなさい」

ということになるでしょうが、私はそれが絶対的に正しいとは思いません。なぜなら、嫌いな物を無理やり食べようとして結果的に残すくらいなら、誰かにあげたほうが無駄にならないからです。ましてや、コミュニケーション能力という点からすると、言いにくいことをよく言ったとほめてあげたいくらいです。

「給食のおかずが食べられないという、普通なら言いにくいことを、よく堂々と言えるように育てられましたね」

親には最上級の言葉をかけてあげたいと思っています。

自分が仕事を頼まれたのに友だちに丸投げする

これも親の悩みとして、面談で相談を受けた事例です。

「ウチの子ったら、学級委員を引き受けて家に仕事を持ち帰ったまではいいんですが、放課後に友だちを集めてみんなに仕事を割り振っているんです。お友だちは気持ちよく引き受けてくれたと言っていますが、もう申し訳なくて……。家でもきちんと注意しますが、学校でまた丸投げするようなことをしていたら連絡をください」

まさに平身低頭といった具合です。それを聞いて私が、

「それって、将来を考えたとき、なかなか見どころがあるじゃないですか」

と伝えると、合点がいかないという表情を見せていました。そこで、なぜそう考えるのか、詳しく説明しました。

「自分一人で仕事を仕上げたとしたら、自分の中だけで完結します。ただ、丸投げではなく、仲間にうまく割り振っていたとしたら、それは力がある証拠です。誰に何を

割り振ろうか考えるということは、相手の適性を知っていることが前提となります。今までその友だちとたっぷりコミュニケーションを取ってきた証でもあるでしょう。仕事を任せる際にも、どのような段取りで進めるのか、きちんと説明したからこそ完成したのでしょう。だとしたら、この子は人を使う才能があるのです」

自分だけで進めるのは簡単ですが、人を使うのには気配りも欠かせません。相手がやろうという気にならなければ、一歩も前進しないからです。割り振った仕事を、最終的に責任を持って回収していったのです。この子をほめたのは、

「やったら楽しそうだな」

と相手に思わせる伝え方ができていたことです。人を動かすのが仕事の教師といえども、簡単には到達できない境地です。

この子の後日談をしましょう。大きくなって大学を出ると、会社の一つを任せられるまでになりました。でも、そうおいしい話が簡単に転がっているものではありません。何と東南アジアの国々に自社の拠点を開拓するようにという本社からの指示を受け、単身渡航したのだといいます。現地の言葉が話せず、はじめは苦労したと言っていましたが、酒などを酌み交わして仲良くなると、徐々に拠点を築き雇用を生み出していったそうです。写真に写る彼は、日に焼けてたくましかったです。もちろん、現

地の仲間と楽しそうに肩を組みながらです。

「すごいな」

私が伝えると、スマホ越しに返してきました。

「大変と言えば大変でしたが、今思えばそこまでではなかったですよ。何しろ、こっちの人は人懐っこくて、助けられたのは僕のほうです」

相変わらず屈託ない様子です。

もう30代になる教え子ですが、母親はずいぶん心配性でした。

「もう、またこんなことをして……」

が口癖でした。でも、日本と東南アジアを股にかけ、今では大変な活躍ぶりです。

「いやあ、友だちに割り振るなんて、将来が楽しみじゃないですか」

当時私はそんなことを言っていましたが、どこかで母親に再会することがあれば、もう一度どや顔で伝えてみたいです。

「ねっ、本当だったでしょ」

怒られてもいつも返事だけは良い

最近の子どもたちは怒られる機会が減ったと思います。近所の大人が下手に注意で

もしようものなら、

「ウチの子に変なこと、言わないでください」

と、不審者扱いされてしまうかもしれません。それだけではありません。

「何で他人のあなたに文句を言われなければならないんですか?」

逆に文句を言われる始末だとぼやいていたのは、地域の見守り隊を引き受けてくれているおじいさんの言葉です。教師も叱りにくい、地域の人も声をかけづらいという環境が重なり、今では子どもを注意する人がいなくなってしまいました。その結果、すっかり打たれ弱くなってしまったのは、当の子どもたちなのです。社会に出ると、取引相手や顧客に怒られることは、日常的にあるでしょう。彼らの未来が今から心配です。


ところで、哲学者の森信三氏は、しつけの三原則として、挨拶・返事・靴の後始末を挙げています。能動的な姿勢、受容的な態度、自己管理がきちんとできていれば道を誤ることはないという考え方です。

「先生。ウチの子、いくら注意しても全然言うことを聞かなくて……。学校でも先生や友だちを困らせているのではないでしょうか。そのくせ、わかってもいないくせに返事だけはいいんです。そこがまた頭に来るところなんです」

子どもの相談に来た母親がこんな悩みを打ち明けました。これについての私の見解は、頭を抱える母親とは全く逆のものでした。

「言っても言ってもなかなか定着しないというのが、まあ子どもの特徴みたいなものではないでしょうか。でも、あの子には他の子にはない良いところがあります。それはいくら注意しても〝ハイ〟と元気に返事ができることです。打たれ弱い子は、ちょっと言っただけですぐにシュンとしてしまいます。それが、あの子は注意されても元気なのです。意味もなく返事をしているわけではありません。返事ができるということは、相手の言っていることを受け入れようという意志がある証拠です。あの子の〝ハイ〟は、けっして口だけではないと思うのです」

困った状況でも返事ができるということは、コミュニケーションを取ろうという意志のあらわれです。

中学年のときに担任した子でしたが、それが中学校に入って予想以上に大化けしました。中学校の担任から聞いた話では、

「あの子は学年のリーダーというか、ムードメーカーというか、なくてはならない存在です。みんなが困った場面でもニコニコして余裕があるし、合唱コンクールで指揮をさせると気負わず自然体でのぞむので、あの子が前に立つだけでみんな歌いたくな

るようです。何より、いつでも、どこでも返事が良いです。あの子の返事を聞いているだけで、私たちも幸せになるから不思議です」

学年の中心として活躍していたのです。

我が子が口先だけではないかと心配する親は多いものです。

「もう、口だけは一人前で……」

大切なのは、それがどんな場面かです。調子が良かったり、うまくいっていたりするときに饒舌《じょうぜつ》になるのは誰しもです。ですが、大切なのは、失敗したりうまくいかなかったりしたとき、どんな態度を示すかなのです。注意されても、怒られても、

「ハイ」

という返事さえできれば、間違いなくその子のコミュニケーション能力は高いと言えます。長い間担任をしていますが、まず間違いのない特徴です。世のお母さんたちには、ぜひこの点もしっかりおさえてほしいと願っています。

2 家庭での生活編

家庭であっても、その子のコミュニケーション能力が付いているかどうかという基

準ではなく、案外親の都合で見てしまいがちだと思います。子どもは親の想定を超えた行動をすることも多く、冷静に子どもの将来を見る以前に、とりあえず、

「止めなさい」

ということになるのです。注意された子どもは一時、またはずっと止めるでしょう。それは親がそう言うからです。でも、注意したことの中に、将来役に立つはずのことが含まれていたら、それはもったいないことです。誰よりも一生懸命に育ててきた子どもが決断し、取った行動です。けっして、すべて間違いではなく、将来花開かせるべく貴重な芽として出ている場合もあるのではないでしょうか。これから提示するいくつかの具体例を見ていくと、

「あっ、これって……」

何かヒントになるものがあるかもしれません。

知らない子でも普通に家に連れてくる

格闘技の神様などと称えられた合気道の達人、塩田剛三が合気道で一番強い技は何かと問われた際、こう答えています。

「それは自分を殺しに来た相手と友だちになることさ」

まさにコミュニケーションの完成形を示しているような実話です。弟子に対して、「人が人を倒すための武術が必要な時代は終わった。そういう人間は自分が最後でいい。これからは和合の道として、世の中の役に立てばよい」と語っていたといわれ、護身術としての武道の奥義を説いていたそうです。確かに、コミュニケーションの基本として、

『いつでも、どこでも、誰とでも』

と言われますが、なかなか地で行くのは難しいものです。まさにそんな理想像を実現していた人物なのではないでしょうか。

塩田とまではいきませんが、誰とでも簡単に友だちになれるのは、子どもが持った才能の一つだと思います。

「もう、先生。ウチの子ったら、どこの誰だか知らない子を勝手に家に連れてきて、部屋にあげて遊んでいるんです。相手の子の名前も住所も知らないって……。学校で変なこと、していませんか？」

どの親もうらやみそうな話ですが、母親はそんな意識は毛頭ありません。

「今の時代、いろいろあるじゃないですか。相手の家の人が快く思わないとか、トラブルに発展したとか……」

初対面の子が遊びに来たからといって、そこまで大きく問題になることはなかろうと思いますが、母親の気持ちはそうではないようです。あくまでも、無防備な我が子の姿勢に気が気でないのです。その証拠に眉間に皺が寄っていました。

では、そもそも、友だちとは何でしょうか。大人がふと、

「自分の友だちって誰だろう？」

と考えるとき、さまざまな条件を設定し、それにいくつか、またはいくつか以上合致した相手を特定するのではないでしょうか。定期的に連絡を取り合う、ときには食事や酒席に出かける、相手の家族も含めて交流があるなど……。でも、子どもは違います。その場所に共にいて、一緒に楽しい時間を過ごせる相手だとわかれば、その瞬間に友だちになれるのです。小学校に上がったばかりの1年生が、母親に友だちができたかどうかを聞かれ、

「クラスみんなが友だちだよ」

迷うことなくそう答えたと聞きました。

「お名前は？」

「名前は知らないけど、みんな友だちだよ」

この子がそう思っているのであれば、それが正解です。誰も、その気持ちを否定す

ることなどできようはずがありません。もし私が家族から、職員室の同僚がみんな友だちかと聞かれても、首を縦に振ることはできないでしょう。子どもの屈託のなさゆえの感覚です。

それが、大きくなるにつれて変化していくのです。嘘をつかれたり、嫌なことを言われたり、騙されたりすることで、友だちの範囲が狭まっていくのです。やがて、相手と関わるのは傷つくし面倒だから、一人ゲームで遊ぶほうが楽だと感じるようにもなるのでしょう。それに対して、この子は高学年ながら知らない相手でも平気で家に連れてくるとは、何とコミュニケーション能力が高いのでしょうか。初対面の相手と長時間一緒にいられるのは、大した才能です。そうした子どもに育てたくても、そう簡単にできることではありません。どんな方法かはわかりませんが、母親がそのような子に育てたのです。

「これからもジャンジャン呼ぶようにしてください」

とまでは言いませんが、けっして注意してはいけないと思います。子どもの開かれたコミュニケーション能力を阻害する危険性があるからです。

友だちと遊ぶのに電話より口約束してくる

子どもたちの様子を見ていると、放課後に遊ぶ約束をする場合、電話やSNSで連絡を取る子と、帰り際に口頭で約束してくる子がいます。コミュニケーション能力から見ると、断然口頭で約束してくる子のほうが伸びるように見えます。家庭の都合があったり、習い事の時間が迫っていたりすると、母親としては気が気ではないでしょう。

「あんた、また勝手に約束してきて……。私にちゃんと確認してから約束するように言ってるでしょ。次からはダメよ」

確かに、家の都合を無視して勝手に約束してきて、困ることもあるかもしれません。ただ、面と向かって約束するという行為そのものが大切なのです。

クラスの子どもたちの様子を見ていると、屈託なく誰とでもコミュニケーションが取れる子もいますが、反対になかなか声をかけられないタイプの子もいます。理由を聞いてみると、

「何となく恥ずかしい」

「断られたらと思うとドキドキする」

声をかけるという行為そのもののハードルが高いようです。

「どうしてそんなことで？」

と思うかもしれません。でも、一人っ子が多い昨今、不審者が多いからと見知らぬ大人とは関わらないように指導される環境で、子どもとはいえ自分から声をかけることは難しいのも理解できます。そんな中、相手の顔を見て、放課後に遊ぶ約束をしてくるのは、コミュニケーション能力が高い証です。親は悲観することなどなく、むしろ喜ぶべきです。

家庭の都合と重なっていたり、習い事があったりすることも、反対に好都合です。ダブルブッキングしたことの責任は、子ども本人が果たさなければなりません。友だちとの待ち合わせ場所に出かけ、

「ゴメン。今日出かけるから遊べなかった。明日は大丈夫だよ」

こうして面と向かって謝ることで、次は気を付けなくちゃという気持ちになるでしょう。相手も遊ぶのを楽しみにしていたはずです。時間がなければ電話という手もありますが、できるなら対面でのコミュニケーションをさせたいところです。

クラスで男の子二人が揉めていることがありました。

「約束したのに、来なかったじゃないか！　ずっと待ってたのに……」

「だって、家の用事が入ったから仕方ないじゃん」

これは、約束したのに断りもなしに反故《ほご》にした子に非があります。よほどでない限り、家の用事に緊急性があることは少ないものです。でも、面と向かって約束をした場合、勝手に反故にされることは少ないようです。相手の目を見て確認した分、約束の重みが違うのではないでしょうか。

以前、齋藤孝先生の話を聞いたとき、こんなことを仰っていました。

「大学の教員の授業で、片方は教室で直接学生に話をして伝える。もう一方は、その授業を録画し、映像で伝えました。内容は双方とも同じものです。ですが、学生への定着度を見てみると、倍くらい違うのです。対面のほうがはるかに効果があります。空気を振動して声が届くのと、ただの音声とは大きく異なるようです」

コロナ禍の中、大学ではリモートでの授業が多く進められていますが、けっして肯定的な評価が多いとは言えません。誰しも仕方なく受け入れているところがあるのではないかと思います。コミュニケーションの基本は、やはり空気を伝わってくるものであるべきです。

「もうウチの子ったら、いっつも勝手に友だちと約束してきて……」

この言葉が胸に温かく届くのは、けっしてコロナ禍という環境だからだけではないはずです。子どもの躍動感が届くかのようです。

学校であったことを何でも細かく伝えようとする

たまたま校内で会った母親が、げんなりしたような様子でこう言ってきました。

「先生。ウチの子ったら、本当におしゃべりで……。食事を作っているとその横で学校であったことを話し、食卓を囲んでも一人でしゃべっているし、食後もずっとしゃべり続けているんです。ずっとしゃべっていないとダメだなんて、ウチの子どこかに問題があるのではないでしょうか？」

まず、よくそれだけ話せるものだと感心します。普通であれば、

「今日は何があったの？」

「授業だよ」

「だから、授業でどうだったの？」

「楽しかったよ」

「何が？」

「いろいろ……」


子どもはいちいち答えるのが面倒なので、そんな態度を取るほうが多いようです。

「先生。ウチの子、学校のこと全然話してくれないので、困っています」

というほうが一般的です。それが、聞かなくても何でも話してくれるのです。家であまり話さない子どもを持った親からすると、うらやましい限りでしょう。それにもかかわらず、おしゃべりなのを心配する様子に、親の深い愛を感じます。

家であまり話をしないからといって、悪い子というわけではありません。その子のタイプと言えるでしょう。ただ、どちらのほうがコミュニケーション能力が高いかというと、圧倒的に家でもよくしゃべる子です。考えてもみてください。家に帰ってから長時間、その日にあったことを話し続けるのは、並大抵の力ではありません。皆さんは今日職場で起こったことを1時間も2時間も話し続けられますか。よほど頭にきたことがあったのなら別ですが、普通であればすぐに話題が尽きるはずです。それが、話すネタが溢れ出てくるわけですから、コミュニケーション能力が高いと言えます。

そもそも、この子はどうして何でも細かく伝えられるようになったのでしょう。幼稚園に通っていたときから、母親が子どもの言うことに丁寧に耳を傾けてきたからではないでしょうか。

「ママ、今日ね、幼稚園でお遊戯会の練習があったんだ」

「そうなんだ。どんな練習だったのか、ママに聞かせて」

「うん。いいよ」

といった調子で、子どもの話したいという気持ちを引き出してきたのです。だからこそ、安心して何でも話せるようになったのでしょう。

さらに言うと、学校であったことの中でも、良いことだけでなく悪いことまでもすべて言える子は最高です。きちんと話せるということは、反省する気持ちを持っているということだからです。

「ママ、あなたが悪いことなんてしないと信じてる」

と言ってしまうと、子どもは悪いことを伝えられなくなります。「悪いことをする子＝悪い子」ととらえてしまうからです。子どもだけでなく、人間はついつい悪いことをしてしまうものです。大人でも、悪いとわかっていても、ついつい誘惑に負けてしまうことがあります。子どもには、

「良いことも悪いことも、何でもきちんと話せるあなただということを信じてる」

そう伝えたいものです。そうすれば、何でも包み隠さず話ができる子になるでしょう。コミュニケーション能力が高い子は、自分をさらけ出す力も持っています。すべてを出したからといって、何も失わないと知っているからです。

「ウチの子ったら、何でもかんでも話をして……」

そう愚痴っている母親には、ぜひとも伝えたいです。

「お母さんの良いところを真似て育ったんですよ。これからも、ますます公明正大な子に育っていくことでしょう」

雨が降ったら軒下で雨宿りする

今の若者たちを見て感じるのが、雨が降っても傘を差さない様子です。差すのが面倒なのか、防水性に優れた服を着ているからなのかはわかりません。突然の雨にもかかわらず、ずぶ濡れになっている様子を見ると、防水性だけでは説明し切れない何かがあるのでしょう。子どもたちの中にも、少々の雨では傘を差さない様子を多く目にするようになりました。理由を聞いてみると、

「面倒くさいから……」

という声が多かったです。それでも、雨に濡れて帰ると母親に怒られるからでしょうか。学校の傘を借りたり、友だちに入れてもらったりする子が、まだまだ多いのも実態です。そんな折、学校に一本の電話がかかってきました。

「ウチの子がまだ塾から帰ってきません。もしかして、学校に寄っていませんか？」

放課後のことは学校が直接タッチする内容ではありませんが、事は子どもの安全に

かかわることです。母親から求められたわけではありませんが、何人かの職員で様子を見に行くことになりました。すると、駅に向かう交差点で子どもと母親が何やら話をしています。事故や事件に巻き込まれなかったことに安堵し、二人に近づいていきました。

「だから、雨が降ってて濡れないように、ここで雨宿りしてたんだ」

「そんなこと言ったって、こっちは心配してここまで来てるんでしょ」

「雨がもう少し弱くなったら帰るから、大丈夫だよ」

「何言ってるの？　傘持ってきたから帰るわよ」

子どもの無事を確認すると、母親は憤懣《ふんまん》やるかたないといった様子です。マンションの入り口付近で雨宿りしていた子どもは、やがて母親にうながされて帰ろうとしていました。

「先生。ウチの子が大変お騒がせしてすみません。こういうことがないよう、よく家で言って聞かせます」

平身低頭する母親に言葉をかける暇もなく、二人はそそくさと家路につきました。

後日、母親と校内で会ったとき、口から出たのはまず謝罪の言葉でした。

「もうウチの子ったら、家に真っすぐ帰らずに皆さんにもご心配をおかけして……。

何があっても、寄り道なんてしないようによく言って聞かせました」

母親の立場としては、確かにそうした言い方になるでしょう。でも私は、雨宿りしたことにあまり目くじらを立てず、逆にほめてほしいとさえ思っていました。なぜなら、この子のコミュニケーション能力に非凡さを感じたからです。

人の玄関先を借りて雨宿りをするということは、いくつかのリスクを伴います。一つには、

「僕、こんなところでどうしたの？」

マンションの住人に質問される可能性があったことです。質問されたら、そこにいる理由を説明しなければなりません。もう一つは、

「ここで何やってるんだ！」

注意されるリスクもあることです。これら想定される事態が、高いハードルではなかったのでしょう。声をかけられるのは稀でしょうが、それでも何か聞かれたら、

「もう少し雨が弱くなるまで、ここにいていいですか？」

素直に自分の気持ちを表現できたはずです。そうしたリスクが高いハードルになっていなかったので、雨宿りという行動に出られたのです。

このように、子どもたちは意外に高いコミュニケーション能力を発揮するものです。

MANSION LEMON
マンションレモン

でも、その価値に目がいかず、一方的に注意していては、子どもの正常な発達を阻害してしまう恐れがあります。せっかく、自ら雨宿りができる子に育ったのです。

「ちゃんと、住んでる人に〝ありがとう〟って言った？」

そんな姿勢くらいで丁度よいのではないでしょうか。コミュニケーションを取れる大人が、親と教師だけというようでは、先が思いやられます。地域にもっと委ねてもいいと感じているところです。

宿題が終わっていないのに隠れて遊びに行ってしまう

保護者面談をしていると、子どもが宿題をやる時間帯について少し懸念することがあります。

「ウチの子ったら、宿題が終わってから遊びに行くように言ってあるのに、遊んでから宿題をしているんです」

多くはないですが、けっして少なくはないお母さんからのお悩みです。私が懸念しているのは、宿題に取り組む時間帯です。夏ならまだしも、冬など日没が早い季節では、宿題を終えた頃には外は真っ暗になっています。ですから、

「まずは宿題をしなさい」

という指示は、季節によっては、その日は遊ばないようにというニュアンスを持つことになります。宿題が毎日出されているとしたら、冬場は友だちと全く遊べないということになりかねません。それでは、子どもの自由になる時間を奪うことになります。

素直な子であれば、親の言うことを聞き、部屋で宿題をやるでしょう。ただ、それは自分で判断した結果ではなく、あくまでも親の言いなりになっているだけです。子どもは親の保護がなければ生きていけないので、言うことを聞くしかないのです。ただ、中にはそんな親の制止を無視し、遊びに行く子もいるようです。

「先生。出かけないように言ってるのに、ウチの子ったら私の目をかすめて、勝手に遊びに行くんです」

「まあ、宿題を忘れているわけではないので、いいじゃないですか」

と言っても、なかなか納得されません。要は、思い通りにならない状況を嘆いているのです。しかし、あえて極端に言うならば、あまりに親の言うことを聞き過ぎる子は、コミュニケーション能力に難があることがあります。なぜそうなるかと言えば、そこには、子ども自身の意志がないからです。意思疎通がコミュニケーションであるとするなら、双方向でのやり取りがなければ、そこには新たな発見や深い理解など存在しないでしょう。

　宿題が終わってから遊びに行くように言われているとして、反対を押し切って出かけるのにはリスクが伴います。遊びから帰ってきたら、親から説明を求められるからです。

「どうして言うことを聞かずに遊びに行ったの？」

「だって、宿題を済ませてからじゃ、暗くなっちゃうじゃないか」

「でも、先にやらないと、疲れて雑になったり忘れたりするでしょ」

「忘れたことなんてほとんどないよ」

「ほら、ほとんどって、やっぱり忘れること、あるんじゃない」

「それは先に遊んだからじゃないよ。宿題があること自体、忘れてたんだ。遊びに行かなくても、結局は忘れてたよ」

「何よ、その言い方！」

　こんな調子で言い合いが続きます。遊びに行ったとしても、家に戻らないわけにはいかず、親とのコミュニケーションは避けては通れない道となるはずです。

　子どもはこの面倒なコミュニケーションが待っていることを承知の上で、制止を振り切って出かけたのです。たとえ面倒な事態を予想しなかったとしても、結局は親とのキャッチボールを経なければなりません。何も考えずただ黙って親の言うことを聞くより、よっぽどコミュニケーション能力は高まるというものです。

確かに、親が強権的に出て、子どもに言うことを聞かせれば楽でしょう。でも、楽して身に付くものなど、何もありません。親子でぶつかり合い、自分の考えを相手に届ける努力をするのです。それは子どもからだけでなく、親からもです。

「ウチの子は素直で……」

自画自賛される方もいますが、案外子どもにコミュニケーション能力が身に付いていないケースもあるので注意が必要です。もちろん素直に言うことを聞く子がダメだと言う気は全くありません。ただ言えることは、親と子どもが話し合う余地のある家庭のほうが、コミュニケーション能力が伸びるのは間違いないということです。

Part 3

その行動、主体性がある証拠です

子どもの意志や判断を尊重していますか

主体性とは、自分の意志・判断で行動しようとする態度のことです。親や教師が判断し、子どもが従順に従ったとしても、それは主体性とは言いません。

「私が授業に遅れるからと、学級委員に頼んで自習をしておくように言っておいたら、ちゃんとみんなでやっていました。子どもたちの主体性に感心しました」

こんなことを言っていた同僚がいましたが、私は主体性が発揮されていたとは思いません。

担任から学級委員に指示を出し、クラスの子たちが教師からの指示という背景を察し、従順にしていたに過ぎないからです。

「算数のドリルをやっておくように」

という指示を出していたにもかかわらず、遅れて授業に行くと、学級会をしていたとします。当然、担任はその理由を尋ねるでしょう。

「算数をやるように言われていたけど、今日学級会を開いて挨拶運動を続けるのか話し合わないと、昼の代表委員会に間に合わないと思ったの。だから、予定を変更して学級会をやったんだ」

この行動は主体的です。そこに子どもたちの意志や判断が溢れているからです。この主体性と規律性との見極めが大切です。学校でも、誤った解釈が多いように感じています。これは以前、勤務していた学校でのことです。職員会議で子どもたちの決まりについて話し合う機会がありました。議題は、雨の日の遊び用として置いてあるトランプやカルタなどを、晴れの日にも使っていいかどうかというものでした。どちらでもよいのですが、問題なのはその程度の決定事項なのに子どもに任せられないという考え方です。

「各クラスの学級委員が集う代表委員会に一任してみては……？」

私は意見を述べ、ほぼその方向で決まりかけていましたが、最後に学校長からストップがかかりました。

「学校の約束は、子どもたちが決めるのではなく、教師が管理すべき問題です。そんな何でもかんでも子どもたちに任せたら、それこそ我がままになってしまいます」

それに対して、

「子どもたちに任せたら、妥当な結果になるものです。自分たちで決めたなら、自分たちで守ろうという意識も働きます。子どもたちの主体性を育む良い機会ともなるのではないでしょうか？」

と反論しても、受け入れられることはありませんでした。さらに学校長は、

「休み時間の遊び方は教師が決め、その中で子どもたちがどう遊ぶかというところで主体性を発揮すればいいのです」

と言いました。しかし、これも大人にとって都合の良い解釈です。教師が決めたルールを従順に守る規律性を、主体性と曲解しているからです。

子どもが自分の意志で判断すると、ときには間違いが起こります。私はそれでいいと思います。間違ったら、修正すればいいだけの話です。晴れの日でも外に行かず、多くの子が室内で過ごしてばかりいるとしたら、そのときに解決方法を考えればいいのです。

「やっぱり雨の日に使うレク用品は、晴れの日にはなしにしよう」

「いや、そうじゃなくて、ゲームばっかりやってるから室内で遊ぶ癖がついているんだと思う。普段の生活も見直さないと……」

いろいろな意見を自分たちで出し合い、解決していけばよいのです。

私たち大人は、子どもの意志や判断が自分たちの範疇を超えると、それを是としない傾向が少なからずあります。ただ、過程や結果が間違っていたとしても、それが学びになるとしたら主体性を重視すべきです。

「これは大人の世界では禁止だから、子どもの世界でもダメ！」という考え方ではなく、子どもたちが自分の考えで進めようとしたメンタリティーや過程こそ重視すべきなのです。こうした点から見直していくと、意外と間違ったダメ出しをしていることに気付かされます。

1 学校での生活編

子どもの主体性といっても、すべて教師の期待する形としてあらわれるものではないでしょう。主体性が自分の意志・判断で行動しようとする態度だとしても、進んで友だちを扇動し、誰かをイジメていたとしたら、それは主体性とは呼べません。自らの判断で自主学習を重ねることは、間違いなく主体性と呼べますが、

「では、頭にきてケンカに発展したら、それって主体性？」

という質問には安易に答えられません。誰かがイジメられていて、それを助けるためにケンカに発展したのかもしれません。単に、イライラして近くの子に突っかかっていった可能性もあります。大切なのは、その〝自分から〟の背景です。だからこそ、

「そんなのダメだよね」

と安易に結論付けるべきではないと考えます。半分は正義があっても、もう半分は自分勝手な解釈が含まれるといった類の内容も多いはずです。子どもという発達の途上にある人間が繰り広げる言動には、往々にして境界線が曖昧なものが多いのです。そこを正しく吟味する大人の目が不可欠だと思います。

忘れ物をしても隣のクラスから平気で借りてくる

なぜ、忘れ物をしてはいけないのでしょうか。それは、授業道具を忘れることで、授業に支障が出るからです。では、誰に支障が出るのでしょうか。それは忘れた当人です。グループで取り組んだり、話し合ったりする場面では、仲間に迷惑をかけることも考えられます。当人の学力も懸念され、周りに迷惑をかけるため、忘れ物については教師も親も何らかの取り組みをしているものです。

ただ、忘れ物を心配するあまり、親が持ち物を確認したとしても、何の意味もありません。結果として忘れ物が減るだけで、何かしらその子の主体性に寄与したわけではないからです。翌日の授業準備に親が関わることで、「よーし、これからは自分のことくらい自分でやろう」

そう簡単に心を入れ替えるでしょうか。むしろ、

「ラッキー。これからもやってもらおう」

と、まるでのび太君のように、誰かに頼ったほうが楽だということをただ学ぶだけです。周りに面倒を見る人がいなくなると、すぐに崩壊してしまうような代物です。

教師が厳しく管理し過ぎるのも問題です。

「口を酸っぱくして言ってきたので、ようやく最近になって忘れ物が減りました」

成果を強調している同僚がいましたが、徹底した管理で成果を出したとしても、その子が一人になったときに活用できる力とは言えません。注意されるのが嫌だから、忘れ物が減ったに過ぎないのです。忘れ物をなくすという一つの事象に注目するのではなく、大切なのは相手との約束を守るという意識を持つようにさせることです。

「計算の宿題が出ていたから、ちゃんとやっていこう」

自らそう思えるように日々説いていくことこそ肝要だと思います。

もう一つ大切なのは、忘れ物をしたときの対応の仕方です。何も言わずに席で固まってしまうのは、残念ながら主体性のある行動とは言えません。それならまだ、隣の席の子に見せてほしいと言っているほうが主体性があります。自分の意志と判断があるからです。ただ、その場合ちゃんと持ってきた子に迷惑をかけてしまうリスクを伴います。あるとき、クラスの児童の親から電話が入りました。

「先生。子どもが違う子の教科書を家に持ってきてしまいました」

「あっ、そういえば授業のはじめに言っていました。まあ、よくあることです。では、明日隣の子に返すようにしましょう」

と言っても、親が安心した様子が伝わってきません。

「いいえ、そうではなくて、ウチの子のクラスの友だちではなく、隣のクラスから借りてきたようなんです。それも、普段仲良くしていないような子から……」

電話越しにも相当困った様子がわかります。親としては、人様の大切な物を……しかもよく知らないような子から……という気持ちでしょう。でも、私は借りたその子に頼もしさを感じました。私が隣のクラスから借りるようになどと指示していないのに、自分の判断で借りに行き、仲の良い友だちがたまたまいなかったので、近くの子に声をかけたからです。忘れ物は確かによくありませんが、それでも、たかが忘れ物です。平気で普段は関わりのない子に声をかけ、誰にも迷惑をかけないようにしたことが立派なのです。結果的には誤って持ち帰っていますが、それはたまたまの結果でしょう。気にする必要はありません。

「大切なのは、忘れ物をしたあとにどう対処するかです。間違いなく明日返せば借りた相手が困ることはありません。私にも忘れたことは言っていますし、その時間に授業のない相手から借りるというのが、誰にも迷惑をかけないやり方です。何よりほめたいのは、自分の判断で隣のクラスに行ったという行動力です。そうした力こそ、これからの時代に求められるものです」

忘れ物を世紀の大事件のようにとらえる必要は全くないのです。気にはしても案外平気に、

「じゃあ、隣のクラスでも行くか……」

くらいの主体性を持った子に育てたいものです。大切なのは、失敗したり困ったりしたときに、どのような対応をしようとするかです。それが仮に間違っていたとしても、自分の意志で判断し行動したことについて、大人は一定の評価をすべきだと感じています。

体育が楽しみで廊下を走ってしまう

一般の方は学校内の実情をあまりよくご存じないでしょうが、教師が子どもを指導する際に多いのが、

「廊下を走るのは止めなさい」

という廊下歩行に関するものです。児童会の取り組みとして、重点的に呼びかけて

いる例も多く目にします。なぜかというと、わかりやすく指導、注意しやすい事象なので、ついつい目が行きやすいからです。当然ながら廊下を校庭のように走り回るのは問題ですが、最重点課題のように取り締まるのは、いささか偏りがあるように感じています。

廊下歩行について、以前担任した子の親から相談がありました。

「先生。今担任してもらっている先生と面談したのですが、ウチの子がよく廊下を走っていて気になるというのです。確かにそこは反省すべき点ですが、何かものすごく悪いことをしているように言われ、ちょっとショックを受けました。面談の時間、ほとんどそのことが話題だったのです」

私はこの意見はもっともだと感じました。聞いてみると、その子が廊下を走ってしまうのにはちゃんと理由がありました。体育に行くのが楽しみでつい走ってしまったというのです。

同僚には申し訳ないですが、本来、私たち教師は「子どもの行く末」という一点だけを基準にすべきです。注意はしてもあまり目くじらを立て過ぎると、主体性がなくなるどころか萎縮した人間を育てることになります。

「廊下を我が物顔で走り回っているとしたら、安全面で問題があるでしょう。ただ、体育に行くのが楽しみで走ってしまったという気持ちは、尊重したいと思います。やる気のあらわれだととらえられるからです。はやる気持ちを抑えられないというのは、子どもにとって大切なモチベーションです」

もっとほめたい気持ちはありましたが、担任との齟齬《そご》が生じるのも憚られ、この程度にとどめました。

本音を言えば、

「お母さん、廊下を走っていくくらい主体的に参加したいという子を育てたのですから、良い育て方をされましたね」

そう言いたいところでした。子どもたちの様子を見ていると、校庭に走って出かけるくらいの子のほうが、はるかに主体性があります。だるそうに歩いていくような子は、体育以外でも受け身の姿勢が多く見られます。楽しそうだからといって走り出すような子は、理科の実験でもパソコン室での授業でも、駆けるようにして教室を出ていきます。

大人に必要なのは、子どもがなぜそうした行動に出たのかという動機を知ることなのです。楽しくてつい我を忘れていたとしたら、

「全力ダッシュは校庭に出てからだよ」

程度の軽い注意にすべきでしょう。そうしないと、モチベーションそのものまで低下させてしまう恐れがあるからです。大切なのは、その行為が大人の目にどう映るかではなく、その子の動機がどこにあるかという一点なのです。

児童文学作家、灰谷健次郎氏の小説『きみはダックス先生がきらいか』の中でも、小学校を舞台に廊下歩行の在り方を取り上げています。ダックスフントに似た体型からダックス先生と呼ばれる転任間もない担任は、クラスの学級委員が掲げた生活目標〝ろうかは走らないで右側を歩きましょう〟を削ってしまったのです。色めき立つ学級委員に対して、ダックス先生はこう言います。

「ろうかはいつも右側をしずかに歩く、というのはこまるのです。火事が起こったら焼け死んでしまいますからねえ」

そして、

「まじめにしゃべってください」

と言う学級委員に本音を語り始めます。

「あなたひとりか、二、三人で歩いているときは、ろうかの右側を歩こうが左側を歩こうが、そんなことはどっちでもいいのです。たくさんの人間が歩くときは右側通行をまもったほうがいい。つまり、ろうか一つ歩くにしても、そのときそのときのようすを判断して歩くのが人間なのです。もし、まだほかのクラスが勉強中なら、今はしずかに歩かないとひとのめいわくになる、そう考えてしずかに歩ける人がちゃんとした人間というものでしょう」

「いらない目標を学校はなぜ決めたのですか？」

くってかかる学級委員の女子に対して、

「決めたことをまもらせるのが教育だとおもっているアンポンタンの先生が、まだ、いっぱいいいるのですよ」

と屈託がないのです。今から40年前の作品ですが、学校の基本的な体質は変わっていないように感じられます。子どもたちにとって何が社会に出てから必要なのか考えれば、大切なのは規律性ではなく主体性のはずです。

「廊下を走るくらいで丁度いいですよ」

そう言ったら、言い過ぎでしょうか。

みんなが外遊びに行っても一人残って教室で本を読む

私が買い物に行くと、何と接客スタッフが以前担任した子の母親でした。とりとめもない話をして店を出ようとすると、思い切って本題を切り出そうとばかりに小声で話しかけてきたのです。

「子どものことで少し心配なことがあるのです。ウチの子は、外遊びも好きですが、本を読むのもとても好きなんです。今はブームというか、好きな作家にはまっていて、学校の休み時間でも読んでいるようです。でも、それを担任の先生から心配だと言われまして……。みんなが外に行っているのに、一人だけ教室に残っているようなんです。私はそれでいいと思っていますが、先生はどう思われますか？」

他のお客さんがいるところでの教育論は憚られるところでしたが、事は子どもの幸せに関わることなので、歩みを止めて伝えました。

「お母さん。クラスの子がみんな外に出かけているのに、あの子だけは自分の意志で教室に残り、読書をしていたんですよね。誰も遊ぶ相手がいなくて、孤立して教室にいたのなら少し心配ですが、そんなことは全くないでしょう。ただ、読書したいから席に座ったままでいた。それって、素晴らしいじゃないですか。自分の意志もなく大勢についていくより、よっぽど主体性があります。そのように自分がどうしたいかで動く子に育てたのですから、その育て方は正解ですよ」

母親は安心した表情を見せると、業務に戻っていきました。もし担任の言う通りにして、

「あなた、学校で一人ポツンと本を読んでいるんですって？　みんなと一緒に遊ぶようにしなさい」

などと言っていたら、大変なことになってしまうところでした。自分の意志で判断し、行動に移していたのに、それがダメだという評価になるところだったのです。主体性の価値が失われるところでした。

学校の全体主義、斉一主義は、今でも至るところに残っています。例えば、朝会や特別教室への移動では、クラス全員で揃って出かけるのが通例です。それもなぜか背の順となっています。今でも名札を着用する学校が多いのではないでしょうか。全体として共通した行動を取らせていれば、

「ああ、ウチのクラスはみんなと一緒だ」

担任が安心するからです。一斉に校庭に出る外遊びも同じです。

「ああ、ウチのクラスはみんな一緒に外で遊んでいるから、仲良しでいい感じだ」

安心を担保できるというわけです。学校で育ってきた親たちも、同じような感覚や価値観を持っているはずです。知らず知らずのうちに、みんなと同じように行動できなければ、それは異質だと思うようになってしまっているのです。

でも、それは大きな間違いです。主体性とは、大勢ということでもなければ、誰と

いるかというものでもありません。

「○○ちゃんと遊びたいという気持ちがあれば、それって主体性では？」

という声が聞こえてきそうですが、そこには判断が伴いません。大切なのは、誰といるかではなく、自分が何をしたいかなのです。その子が本を読みたいと思い、それを実現させていることこそ、主体性を発揮している姿なのです。

イジメが問題視されている昨今、一人でいることをネガティブにとらえがちです。でも、日本に旅行に来る外国人を見てください。一人で来日している人も結構多いのです。

「ボクハ、キョウトデ、オテラヲミタイノデス」

「ボンサイヲミタクテ、キマシタ」

それぞれ明確な動機があります。全く同じ趣味や嗜好があれば行動を共にすることもあるでしょうが、友だちでもなかなかそこまでの相手は存在しません。相手の都合ということもあります。我々日本人は、自分の欲求にもっと主体的であるべきです。

みんなで遊んでいるから安心という安易な同調ではなく、

「たまたまドッジボールをしたいと思って外に行ったら何人か同じ気持ちの子がいたから、みんなで遊んだ」

というほうがはるかに素敵です。親であれば、自分は本を読みたいから一人でもそうするといった、主体性を発揮できる子に育てたいものです。

授業時間になっているのを気付かず校庭で遊んでいる

子どもは、真面目に物事を考えるものです。担任が、

「授業に遅れないように帰ってくるんだよ」

と言えば、早めに行動します。不用意にそんなことを言えば、始業10分前に戻り席についていることすらあります。また、いまだに全体主義が蔓延《はびこ》っている昨今、校庭で遊んでいる誰かが足早に昇降口に向かうと、

「あっ、ヤバイ。私も行かなくちゃ」

つられて、多くの子が向かうことになります。それは主体的に行動しているのではなく、条件反射的に動いているに過ぎません。

対して、時間ギリギリまで遊んでいる子もいます。時間を過ぎているのに遊んでいるとしたらそれは問題ですが、

「あっ、まだ時間が残ってる。もう少し遊ぼう」

ということで目いっぱい遊んでいるとしたら、そこには自らの意志と判断が伴って

います。頻繁に遅れるのはまた別の問題がありますが、ごく稀に若干遅れる程度であれば、注意する必要はないと思います。

ギリギリまで校庭で遊んでいる子の様子を観察すると、いくつかのことに気付かされます。まず一つ目は、周りをキョロキョロ気にする様子がないことです。遊びに没頭している証拠です。二つ目に、遊びをリードする場面が見られます。子どもが最も自然に主体性を発揮するのは、自由に遊んでいる時間と言えましょう。その大切な時間を満喫しているのは、先行きが楽しみです。三つ目に、遊びを工夫している様子が見られます。時間を気にする子が早々と教室に戻っていくと、やがて大勢いた人数が少人数に減っていきます。

「こんなに少ないのにドッジボールをやってても仕方ないから、中当てに変えようよ。そうすれば、これだけの人数でも済むし……。あと、ボールを拾いに行くのが面倒くさいから、壁に近いところでやらない？」

まさに工夫の宝庫です。

子どもが授業が始まるギリギリまで遊んでいるタイプだとしたら、今後も主体性が伸びるチャンスです。もし面談で注意されたとしても、けっして家に戻って注意などしてはいけません。せっかく夢中で遊べるように育ったのに、それでは小さな頃から忖度するような人間になってしまいます。先生や親から言われたからと、教室に早く戻ってきて、席についているような子は、大人の目を気にしたり、誰かが何か指示してくれたりするのを待つ習慣がついてしまいます。大人しくて手がかからないのは育てていて楽ではありますが、大人になってそれで通用するほど社会は甘くありません。

「きちんとしない子はダメかと思っていました」

そんな声が聞こえてくるようです。確かに、きちんとしていることは大切ですが、子どものうちは、きちんとした主体性を持つことのほうが大切なのです。子どもがそうできるようになったのも、母親が遊びに寛容に育てたからに他なりません。

「その育て方で正解です」

長く教職に関わってきた人間として自信を持ってそう言えます。

給食でいろいろな食べ方を試す

食事のマナーは確かに大切です。口の中に噛んでいる食べ物が残っているのに、唾を飛ばしながら友だちと話すことを良しとはできません。好き嫌いの多い子が、苦手な物を机の中に隠したりわざと床に落としたりすることなども、言語道断です。他にも食べ物をやたらと机上や床にこぼす子もいますが、大抵の場合姿勢が悪いのが原因です。食事のマナーは基本的なしつけとして、大切にされるべきです。

子どもの中で一定数いるのが、食器に乗せられた食べ物を組み合わせ、いろいろな食べ方を工夫するケースです。積極的にクラスで奨励することはしませんが、試している子たちの様子を見ていると、主体性が高い子が多いことに気付きました。給食の献立は、給食費を安く抑えるために、ギリギリのところでやっているようです。揚げパンやカレーライス、味噌ラーメンなどが出るとうれしいものですが、中には、

「この組み合わせは、苦しいな」

思わずそう思ってしまうようなメニューもあります。あまり露骨に書くと栄養士さんに怒られそうですが、コッペパンに茹で野菜、鶏肉団子入りホワイトシチューというメニューですと、コッペパンをどう食べるか苦慮します。味を付けるために、シチューに浸して食べる方法も考えられますが、水気を含み過ぎて食べづらくなります。そんなとき、子どもたちはいろいろ工夫しているのです。

「先生、見て。肉団子パンだよ」

声のするほうに目をやると、シチューの中に入った鶏肉団子を取り出し、スプーンで半分に割ってからパンの中に入れています。半分に割ることで安定感が出ていたのです。

MILK
MILK

「先生、こっちも見て。野菜サンドのできあがり」

茹で野菜に多めのソースをかけ、パンにはさんでいるのです。子どもたちは床にこぼすことなく、上手に食べていました。

「ねえ、こっちはクルトン！」

パンを細かくちぎり、シチューの上にまぶしているのです。どうすればおいしく食べられるのか、子どもたちなりに創意工夫を凝らしています。

食事のとり方については、給食指導の大切な要素です。小学校学習指導要領（平成29年告示）解説特別活動編では、給食指導について例えば次のような資質、能力が示されています。

『給食の時間の楽しい食事の在り方や健康によい食事のとり方などについて考え、改善を図って望ましい食習慣を形成するために判断し行動することができるようにすること』

この〝楽しい〟という部分が、とても重要な要素になっているのです。楽しさの体感は、誰かに与えてもらうものではありません。子どもたちの内なる部分から湧き出てくるものです。学習指導要領解説において、

『いろいろな食べ方を試すようにする』

とは書かれていませんが、マナーを逸脱しない限り、楽しさの工夫は認められるようです。けっして、肉団子パンがタブーというわけではないのです。

ところで、子どもたちはなぜ食べ方の工夫をしたのでしょうか。私は家庭教育に要因があると考えています。子どもが、

「ママ、パンにジャムだけでなくハムをはさむとおいしいよ」

自分なりにおいしい食べ方の工夫をしたとき、母親が、

「あらっ、この食べ方もいいわね」

子どもの創意工夫を肯定したのでしょう。反対に、おいしくない組み合わせをしても、責任を持って食べさせればよいわけです。すると、子どもたちはどのようなセットがいいのか、自分から考えるようになるはずです。

「こういう食べ方しかママは認めません」

だと、すべてにおいて受け身になりますが、許容の幅が広かったことが予想されます。子どもを育てる上で、とても大切な余裕だと感じました。

2 家庭での生活編

家庭で発揮する主体性の判断もまた難しいところです。ただ、

「これって、主体性の兆候かな？」

そう思ったら、遠慮なく評価してあげていいと思います。家庭での生活は、子どもにとって学校ほどの打算はないものです。学校であれば、

「周りによく思われたい」

「ここで活躍して点数を稼ぎたい」

など何かしらの打算があるものです。言い換えると、外は家ほど安心して生活する環境ではないため、自己防衛の本能が働くと言えましょう。家庭はその反対です。だからこそ、

「学校ではとても良い子にしていますよ」

と、面談のたびにほめられるような子が、実は家では好き放題に過ごしているという話になるものなのです。子どもが安心して過ごせる家庭で見られる主体性は、本物に近い可能性が高いのです。正しく育ててきたというご自身を信じていいのではないでしょうか。

家で料理ばかり作っている

私が担任するクラスでは、自主学習を尊重しています。宿題を出すこともありますが、なるべく厳選し、家庭で自主学習ができる時間を確保するようにしています。以前、親からこんな質問を受けました。

「先生。ウチの子にちゃんと自主学習をやるように言っているんですが、自主学習と称して実際は料理ばかり作っているんです。これでは、学習という名前を借りた遊びですよね」

お母さんの気持ちはわかりますが、料理も立派な自主学習だと伝えました。自主学習というと、国語や算数の予習や復習をイメージしているようですが、教科書の問題を解くだけの勉強だけでは主体性はあまり身に付きません。教科書の問題をやり直すという活動は、やるべきことが決まり切っていて、そこに子どもの創意工夫が入り込む余地が少ないからです。一方、自由研究に近い形の自主学習には、自由度があります。何をやっても自由だということは、何をどのように仕上げるのか自分の意志で判断しなければなりません。その過程こそに意味があるのです。

料理を作っているだけといいますが、そこには多くの主体性を伴います。どんな料理を作るのか、どんな食材を用意すればいいのか、どんな手順で作っていくのか等、すべて自分で決定しなければなりません。また、完成した料理を想定し、スパイスの量を量ったり、必要な量の食材を用意したりするのは、算数で学んだ技術を活用することになります。一石二鳥以上の意味と価値があるのです。子どもが漢字を書いたり、計算をしたりする姿を見て安心するのは、短絡的だと思うのです。

ところで、15年ほど前、当時、京都市立堀川高等学校の校長を務めていた荒瀬克己氏（現・関西国際大学教授）にインタビューしたことがあります。NHKの「プロフェッショナル仕事の流儀」に出演されていたのをたまたま見て、いてもたってもいられず、電話をして京都まで会いに行ったのです。2001年には国公立大学への現役合格者数がたったの6名だったのに、2002年には106名に増やした〝堀川の奇跡〟の正体をもっと知りたいと思ったからです。

「特別な受験勉強はしていません」

それが答えの神髄でした。

「総合学習のような〝探究科〟という授業枠を作り、課題探求型の学習を進めていったら、自然と学力も上がっていきました。例えば、ある子は〝江戸時代にアイドルは存在したか〟というテーマで探究科としての研究を行いました。文献を読むとそれらしき存在はいましたが、今のアイドルと比べると存在意味が異なります。現代のアイドルとは何かまで含めて考えなければなりません。そうやって調査したり、観察したり、集めた資料を比較したりすることを通して、研究を進めていったのです。学力が上がったのは、その過程で新しい知識や技能を獲得するにとどまらず、今まで学んだことを生かす活動がされていたからだと思います。探究と受験とは縁遠いように見えますが、案外関係性が深いのだなと感じました」

言われてみれば、その通りだと思います。

料理も言ってみれば課題探求型の学習です。おいしい料理を作りたいという目的を持ち、そこから逆算して何が必要なのか、どのような順序で作っていくのか、綿密に計算する必要があります。

「ウチの子は料理ばかり作っていて……」

母親が愚痴るのは、核心からずれています。反対に、よくぞそんなにユニークなテーマで学習が続けられるとほめるべきです。ちなみに、その子が料理の自由研究にはまってからというもの、学力も同時に急上昇していきました。母親の心配は全くの杞憂で、実ははじめからいい線行っていたのです。

ただ、困ったのは、その結果に気をよくした母親が、親子で一緒に料理を作り始めたことでした。子どもが伸びた魔法の時間を共に過ごしたいと思ったからなのでしょう。でも、それでは子どもの手による課題探求型の学習ではなくなってしまいます。その後の顚末は知りませんが、始めた頃のように戻っていることを願って止みません。

玄関にランドセルを置きっぱなしで遊びに行く

「先生。信じられますか？　家に帰っても玄関から上がりもしないで、ランドセルを放り投げたまま遊びに出かけるんですよ。もう、完全に私が片づけるのを当てにしていて、いい気なもんです」

これも面談でよく愚痴として出る内容です。

中には、真剣に悩み、怒りすら覚えている母親もいます。

「まあ、元気でいいじゃないですか」

と言っても、

「先生。ウチの子、こんなんで将来平気でしょうか？」

心配は尽きません。そんなときは、長い話になりますが、丁寧に説明します。

「二つの理由から平気だと申し上げているのです。まず一つには、元気があるのは健康にも勉強にも良いことだということです。これが家に帰ってからどこにも出かけもせず、部屋にこもったままというのでは心配じゃないですか。思い切り遊んで、その後に勉強するというサイクルが良いことは科学的にも証明されています」

驚くことに、フィンランドでは遊んだあとに勉強するだけでなく、体を動かしながら勉強するという形の〝スクール・オン・ザ・ムーブ〟（動く学校）と称される教育プログラムがあります。そのプログラムでは、算数や理科の授業中に、跳んだり走ったりして体を動かします。算数の問題が天井近くに貼ってあり、壁をよじ登って見に行くという奇想天外なものまであります。でも、そのプログラムによって学力も向上しているというのです。

「もう一つは、家に上がる時間がもったいないほど、やりたいことがあるということです。冷蔵庫を開けてジュースを飲むより、サイドボードの引き出しにあるお菓子を食べるより、もっともっと魅力的な時間が待っているのでしょう。それらをすべて自分の意志で判断し、その後に母親に怒られることを考慮しても、それでも遊びに行くことを選択するのです。それって、主体性がある証ではないでしょうか。ちょっとした時間、ものの5分ほどでも惜しむほど遊びたいなんて、うらやましい限りです」

教室でも子どもたちによく言いますが、私は物事というのは、すべて〝一事が万事〟だと思っています。主体的に遊べない子は、主体的に勉強もできなければ、主体的な人生を歩むことも難しいでしょう。遊びも食べることも主体的でないが、勉強だけは主体的に取り組めるなどということはないと考えています。つまり、玄関先でランドセルを放り投げていくような子は、勉強に没頭するあまり食事することさえ忘れてしまうような集中力を持つ子になる可能性があると思っているのです。

「平気です」

安易にそう言っているのではなく、それなりの根拠はあるのです。

さて、もう一つ大切なことを言い忘れていました。思い切り遊んで来たら、次は自分から机に向かうことが大切です。習慣化していないと苦しいかもしれませんが、慣れればメリハリの効いた生活は気持ちの良いものです。ただ、

「玄関にランドセル置いたまま遊びに行くのを見逃してるんだから、帰ったら勉強くらいちゃんとやりなさい」

交換条件にしてはダメです。

「じゃあ、ランドセルは部屋に片づけてから遊びに行くから、いちいち勉強するように言わないで！」

返り討ちにあう危険性があります。そこは、親子でのコミュニケーションが不可欠になります。

「部屋に行くのも時間がもったいないくらい、遊びに行きたいんだ。いいことだね。自分から何でも進んでやろうという気持ちがある証拠だ」

しばらくこの状態が続いたとしても、やがてはその主体性が勉強にまで広がるはずです。一事が万事です。

お腹が空いたら冷蔵庫から何か出して勝手に食べている

学級懇談会が終了すると、一人の母親が近づいてきました。

「先生。ウチの子、家にいても何か食べてばっかりで、給食の時間に他の子の分まで取っていないでしょうか？」

確かによくお代わりをする子ではありますが、気になるほど大食いというほどでもありません。体型も至ってスリムです。その旨を伝えると、安心したように頷き、家での様子を伝えてくれました。

「まず学校から帰ってくると、冷蔵庫を開けてチーズやら魚肉ソーセージやらを食べて、すぐに外に遊びに行きます。それで帰ってきてどうするかというと、また何か食べるんです。パンにハムとレタスをはさんだり、すごいときはご飯に納豆をかけたりして……。ちゃんと夕飯も食べて、お代わりまでするんですよ。いくら何でも食べ過ぎだって言ってるんですけど、全然聞かなくて……」

私はこの話を聞いて感動を覚えました。この子の〝生きる力〟が溢れ出ているようで、何とも気持ちがよかったからです。まず、置いてあるお菓子ではなく、主食に近いものを食べているところが素晴らしいと思います。活発に動く子なので、本当にお腹が空いているのでしょう。それでも足りなかったら、パンやご飯まで食べているというところも最高です。何となく口寂しくて、何かを放り込むのとは訳が違うからです。もう一つ感心したことも、母親に伝えました。

「普通の子だったら、お腹が空いたとき〝ママ、何か食べるものない？〟と聞くものです。お菓子が置いてあったとしても、もっとおいしいものが隠されてないかと思い、やはり聞こうとするでしょう。でも、この子は自分で冷蔵庫を開け、自分で空腹を満たそうとしているのです。なかなかこういう子はいませんよ」

「先生。本当にそう思ってますか？」

いぶかる母親に、さらに説明を加えました。

「自分のお腹をいっぱいにするのに、誰の手も借りていないと思いませんか？　まだ夕飯ではないので、お母さんの手を煩わせないようにしているのです。パンにジャムで済ませるのではなく、面倒でもレタスを洗い、ハムと一緒にはさんでいるのですよね。どうせ食べるなら、おいしいものを食べたいという気持ちのあらわれです。これだけ聞いていても、この子の主体性が非凡なものでないとわかります。間違いなく、お母さんが自分のことは自分でやるように育てた成果です」

ここまで伝えて初めて、満面の笑みがこぼれました。

「そう言えば、料理を手伝ってくれることもあります。この前なんて、初めて自分一人の手で一品完成させました」

「そうでしょう。自分が食べたいのもあるでしょうが、作って食べさせてあげたいという気持ちのあらわれだと思います。そうした自分の意志で判断するという様子は、学校でも多く見られますよ」

一事が万事なのです。その子は、昼休みにクラスみんなが外に遊びに出かけていても、教室に残された給食台を一人で片づけているような子です。パンやご飯を軽食代わりにしたのも、食べたいという生理的欲求だけでなく、作ろうという主体性が発揮されていたからに他なりません。

大切なのは、何をどのように食べているかなのです。いくらお腹が空いているとしても、一年中お菓子を頬張っている子は心配です。そこにあるのは主体性ではなく、ただの惰性だからです。世のお母さん方に言いたいのは、

「食べるという行為は毎日のことなので、けっして侮れません」

ということです。冷蔵庫を開けて何かを作って食べているとしたら、その子の未来は間違いなく明るいでしょう。

朝早く起きて宿題の続きをやる

宿題をやる時間帯について、母親から質問を受けました。

「先生。ウチの子は宿題を朝やることがあるんです。本当はすべて前日に済ませてほしいんですが、自分で目覚ましをセットして、時々朝にやっているんです。それって、正しいことでしょうか?」

大切なのは、前日にどのような過ごし方をしていたかです。そこを確認すると、

「前日もやっていたようですが、翌朝も続きをやっていたようなんです。でも、前日にすべて終わらせるべきですよね」

終わらなかったのか、完成度に納得がいかなかったのかはわかりませんが、この〝続きをやっていた〟という事実が肝です。

何も早朝から宿題をやることを奨励しているわけではありません。その子その子のペースやリズム、生活スタイルがあるので、一概にこうすべきだと言うべきではない

でしょう。この子の取り組みで良いと思ったのは、前日の続きを翌朝にやっていたという点です。前日に何もせず、焦って目覚ましをセットしていたとしたら、自分の生活をコントロールする力が足りないということになります。でも、この子は前日から取り組んでいるのです。不完全だとしても、そのまま提出することは可能です。その続きを翌朝やろうというのは、自分の意志や判断が含まれている証拠と言えるでしょう。

私の仮説が正しいのかどうか、あるときクラスの子たちに聞いてみました。

「宿題を朝にやる子？」

すると、何人かが手を挙げて質問しました。

「先生。前の日もやったけど、今朝もやったのはどっちになるの？」

該当する子を見てみると、日々の生活で主体性を存分に発揮している子ばかりでした。大切なのは、やむなくそうしたのか、自分の意志でそれを選んだのかです。宿題に取り組む時間一つとっても、そうした主体性があらわれることに今さらながら驚きました。

さて、次はだいぶ前に卒業してもう成人した女性の話です。その子は早くして父親と死別し、母一人の手で育てられました。家に帰っても友だちと遊ぶ時間は限られます。母親が帰宅するまで、家事をこなさなければならなかったからです。

「宿題は、まあ無理しなくていいよ」

配慮したつもりですが、その子は良しとはしませんでした。

「みんなもやっているのに、自分だけやらないわけにはいかない」

そう言って、誰よりも頑張ってきました。卒業してから10年近くが経ち、たまたま会ったときにその話題になると、懐かしむような表情を見せ、

「あのとき頑張ったから今があると思います」

聞くと、成績上位者ということで大学には無償で通っているということでした。将来は世界を相手に活躍する人材になりたいという希望も語ってくれました。最後に、その頃は何時ぐらいから勉強していたのか、改めて質問してみました。

「日によって違ったと思いますが、簡単な宿題であれば朝6時くらいでしょうか。量が多かったり、難しい課題であったりしたときは5時、いいえその前から始めていたこともあります」

「全然知らなくて悪かったね」

私が謝っても屈託がありません。

「いいえ。私が自分の意志でしていたことです。その頃に頑張って評価していただけ

たからこそ、今の私があると思っています。いろいろと声をかけていただき、ありがとうございました」

担任と教え子という関係ですが、こちらが気恥ずかしくなるほど立派な受け答えでした。その子の母親がいかにきちんと育てられたのか、今さらながら強く伝わってきました。

放課後の居場所がまったく特定できない

これも面談の際に出てきた相談です。

「ウチの子は、放課後どこにいるのかわからなくて……。近くの公園にいたと思ったら、遠くの公園に出かけていたり、かと思ったら図書館に行っていたり……。神出鬼没というか、学校でも落ち着きのない生活をしているのではないかと心配しています。正直に言ってどうでしょうか？」

授業中はよく話を聞き、真剣に課題を考え、実に落ち着いた授業態度です。好奇心旺盛なので、どんな課題に対してもよく食い付いてきます。学校での様子を聞くと安心して帰っていきましたが、念のためにと思い、翌日その子に聞いてみました。

「昨日はどうしてたの？」

面談期間のため短縮日課になっていたので、午後の自由時間は十分過ぎるほどあります。どのような時間を過ごしていたのか興味がありました。

「まずねえ、家に帰ったらマンション裏の公園にみんなと待ち合わせて、そこで追いかけっこをした。そのうち、追いかけっこに疲れたから、ブランコや鉄棒で遊んでいたけど、それも終わりになって、次は……。今、総合学習で遠足の場所について調べてるから、図書館に行って本を借りたんだ。本を借りたあとは……途中の公園に寄って3人で遊具を使って遊んだ。それから、家に帰ったのかな」

こんな半日を過ごしていたそうです。なかなか素晴らしい放課後だと思います。時間の使い方に対して、主体的に関わっているからです。自分はこんなことをしたいという意志があり、それに基づいて進んで動いています。

「みんながそっちにいるから……」

ではなく、自分が何をしたいかという気持ちに忠実だとも言えます。主体性に溢れた時間の使い方でしょう。

何も、一ヵ所にとどまって遊んでいる子に、主体性がないと言っているのではありません。自分の意志で遊びを充足させていたなら、貴重な時間となったはずです。大切なのは、自分の時間の使い方に自らの意志が反映されていたかどうかなのです。誰かに振り回されていたのであれば、あちこち遊びに行くことに意味はありませんが、旺盛な好奇心が溢れ出た結果としてであれば、そこは評価すべきです。

「ウチの子、落ち着きがないのでは……？」

母親のこのような心配も、居場所が特定できないという結果ではなく、どうしてそうしたのかという過程に目を向けていけば、なくなるのではないでしょうか。

もう一つ、放課後の遊びについて付け足したいと思います。校庭に来て遊んでいる子たちをよく見ますが、遊びよりもスポーツに興じているケースが多いです。野球、サッカー、ドッジボールなど、スポーツは元々ルールの決まったものです。そこに個人の創意工夫が反映される余地はあまりありません。でも、よく見ていくと、自分たちで遊びの内容を考え、ルールを作りながら遊んでいる子も見受けられます。校庭にいる子が不思議な遊びをしていたので、どんな内容なのか聞いてみました。

「2対2に分かれて、ボールをぶつける遊びをしてるの。一人5回当たるまでできるんだけど、それ以上当たったら退場になるんだ。壁に当たったボールがはね返って当たっても、それはセーフ。相手のボールを取ったら、それもセーフ。バケツを持って当たらないようにしてもいいんだけど、持ってて体に当たったら2回当たったことになる。それから……」

いろいろ説明をしてくれましたが、詳しいルールはわかりませんでした。見ていると、体育倉庫に隠れながら、ボールを投げ合っています。自分たちで遊びの内容を考え、ルールも作っているようでした。また、何か不都合があると、そこでルールを追加している様子も見て取れました。まさに主体性の宝庫です。

自分の意志で遊んでいても、子どもはせわしなく、ときに落ち着きがないように見えます。大切なのは、そこに主体性があるかという観点から見ることではないでしょうか。時が経つのを忘れるほど、また創意工夫を凝らしながら夢中になって遊べる子に育てたいものです。

Part 4

その行動、
チャレンジ精神がある
証拠です

たくさん失敗する意義

子どもたちの未来には、どのような社会が待っているのでしょうか。細かいことまではわかりませんが、推察することはできます。おそらく今よりも難しい事態や局面が待ち受けていることだけは確かでしょう。

経済産業省が出した報告書『2050年までの経済社会の構造変化と政策課題について』（平成30年9月）によると、現在とはかけ離れた事態が提示されています。まず、人口についてですが、

『2050年に日本の人口は約1億人まで減少する見込み』
『今後、生産年齢人口比率の減少が加速』

ということです。現役世代が激減することで、若者は老人を、文字通り1対1の肩車で支えることになるでしょう。国の借金は1100兆円を軽く超えているのに、それを返すべき現役世代が今とは比べものにならないほど減っていくので、借金額が雪だるま式に膨らんでいくのは間違いないと思われます。また、同報告書は第4次産業革命による就業構造の変化についても、

『AIやロボット等の出現により、我が国の雇用のボリュームゾーンであった従来型

のミドルスキルのホワイトカラーの仕事は、大きく減少していく可能性が高い。一方、第4次産業革命によるビジネスプロセスの変化は新たな雇用ニーズを生み出す』と指摘しています。現在の仕事とは大きく様変わりしていくのは、間違いのない事実でしょう。加えて、環境の変化も無視できません。温暖化はもとより、コロナウイルスのように未知の相手との闘いが頻繁に訪れる可能性も否定できません。簡単に言うと、年々住みにくい社会になっていくのです。

目の前の子どもたちは、こんな大変な時代に生まれました。社会の在り方や仕組みだけでなく、地球環境までもが激変している時代です。そうすると、今までの常識や知識、獲得してきた技能や技術だけでは乗り越えられない問題が起きるはずです。では、そのときに必要な力とは、一体何でしょうか。私は変化を恐れない姿勢だと思います。変化することに躊躇していたら、あっという間に時代に取り残されていくからです。そうした難しい未来が迫っていても、子どもたちの中には、

「チャレンジすると失敗するから怖い」

と言う子がいます。でも、学校でいくら失敗しても、その子のキャリアには何の影響もありません。それでも、

「周りが何と思うのか心配」

本気で言います。ですから、我々大人も本気で伝えなければなりません。

「そんな小さな失敗にこだわっていたら、本当に社会から捨てられるよ」

子どもはチャレンジすることの意味や大切さなどまだ知りません。だから、しっかりと教えていかなければと思うのです。

また、子どもに未来像と今身に付けるべき力を提示するのは急務ですが、同時にチャレンジしている姿を評価することも不可欠です。将来大きなチャレンジにつながりそうなことをしていても、

「それって、一つのチャレンジだよね」

大人がきちんと価値付けしてあげないと、気付かないことがあるからです。学校の中でも往々にしてあります。子どもたちを見ていると、そうしたチャレンジの芽は、結構出ているものです。我々大人が、間違って摘まないように注意したいものです。

1 学校での生活編

チャレンジすることと余計なことをすること、二つの区別は紙一重のところです。

「先生。学校の決まりなんて要らないから、全校に向けて訴えたい」

子どもがそう主張してきたら、判断が分かれるところです。決まりを撤廃し、自ら正しく考えて行動しようという提案は、チャレンジ精神に満ち溢れたものです。一方、そんなことをしたらみんなが好き勝手に行動してしまうという懸念も、また否定できない一つの考え方と言えましょう。

チャレンジ精神が発揮されているであろう場には、こうした際どい内容のものが含まれています。大切なのは、表出した背景を知ることではないでしょうか。もしそれが個人の欲求のみを満たすものであれば、それは余計なことです。ただ、それが子どもの将来につながることや周りを幸せにするものであれば、チャレンジと見なすことができるでしょう。どちらかというと、学校は疑ってかかる傾向がありますが、ここまで親が一生懸命に育ててきた子どもたちです。よくよく見ていくと、正しいチャレンジが多いのではないでしょうか。大人たちの余裕が試されているのです。

雨でもずっと校庭で楽しそうに遊んでいる

私たち大人にとって、雨や雪はうっとうしいものですが、子どもにはそうでもないようです。雪ならまだ理解できますが、雨が降ってきても、

「ああ、雨だ！」

突然の降雨にもかかわらず、教室で喜びの声を上げる子がいます。すべての刺激を受け入れられる柔軟さがあるからでしょう。ただ、学校によっては、

『雨の日には、校舎内で静かに遊ぶ』

と、わざわざ行動制限をしているところも見られます。

校則に明記していなくても、雨の中、外で遊んでいると、注意する教師もいます。全身ずぶ濡れになってサッカーをやっている子を注意するならまだわかりますが、朝礼台の下で遊んでいた中学年の子を注意しているのを見たときは、正直がっかりしました。中には色とりどりの傘の花が咲いていたのです。何をやっていたのか聞いてみると、それはそれはかわいらしい答えでした。

「朝礼台の下はあまり濡れないんだけど、横から風が吹いてくると雨が少しかかるから、傘で壁を作ってたの。でも、中に水が流れてきたから、外に水を出す川を作ったの。そしたら、水が朝礼台の外に流れていって全然濡れなくなったの」

こんなに素敵な遊びを止めるなんて野暮の極みだと思いましたが、注意するほうはするほうで理由はあったようです。

「一つ目は、風邪をひかないようにさせたかったからです。そうなる可能性があるのに注意しないのは、見て見ぬふりをするのと同じだと思いました」

確かに風邪をひくリスクがないとは言えませんが、朝礼台ハウスはそれなりの防水対策を取っているように感じました。

「もう一つは、濡れたまま家に帰ったら、保護者が心配するからです。学校は一体どのような指導をしているのかと思われるのではないでしょうか？」

確かに二つともわからないわけではないですが、やはり野暮だという印象は拭い去れません。子どもの側に立った話になっていないからです。

私たちが一番に気にするのが、保護者の意向であってはなりません。ましてや、管理職の意向であってもなりません。先ほど、〝堀川の奇跡〟で名高い荒瀬克己先生がどう学校を創り上げていったのかを書きましたが、同時にこうも仰っていました。

「私たちは普通のサービス業ではなく、ちょっと変わったサービス業に就いています。普通のサービス業は相手の望むものすべてを提供するはずですが、私たちは生徒が望んでも提供しない場合があります。反対に、彼らが望まなくても提供する場合もあるのです。彼らが将来困らないかどうかというのが、提供するか否かの基準です。顧客は10年後の彼ら。つまり、未来の彼らからの要望に基づいてやっているというわけです」

つまり、私たちが仕えるべきは、未来の彼らなのです。

その未来の彼らが、

「先生。雨の日に遊ばせちゃいけませんよ」

そんなことを言うとは思えません。むしろ、

「たった20年間でこんなに世の中が変わるとは、正直思ってもみませんでした。社会が刻々と変化するどころではなく、朝新しかったことが夕方にはもう古くなってます。言うことを黙って聞いてるような子ではなく、どんなことにも果敢に挑戦する子どもに育ててください。そうしないと、この時代では生き残れません」

そのくらい言いたいほどでしょう。それなのに、学校から家庭に電話して、

「今日、雨の中、外で遊んでいたため、濡れた状態で家に帰っていると思います。風邪をひかないように着替え等を早めにお願いします」

などと言ったら、

(外で遊んでいた我が子の態度を遠回しに注意しているのでは……)

間違ったメッセージを送ってしまうことになりかねません。

子どもが雨でも校庭で遊ぼうと思ったのは、親が家庭でも同じような感覚で接しているからでしょう。うまく遊べない環境の中で工夫しているのは、チャレンジ精神そのものです。その姿勢を奪ってはいけません。今後、同じような状況で注意を受けて

も親の信念が揺るがないように、

「困ってもチャレンジする子に、よくぞ育てられました」

という言葉を贈りたいと思います。

行ってはいけないという所に思わず行ってしまう

それぞれの学校ごとに、子どもの立ち入りを禁止している場所があるかと思います。私の勤務する小学校では、体育館裏へは行かないように指導しています。校舎のどこからも目が届かず、不審者等が子どもに近づいてもわからないからです。子どもに関する事件が頻発する中、こうした対応は致し方ないとは思っています。

ただ、何と悲しい世の中なのでしょう。もっと以前、大人たちに良識があり平和だった時代は、子どもをみんなで守ろうとしていたはずです。空き地に自分たちの基地を作ったり、野山を駆けずり回ったりしていたものです。それらをすべて、

「大人の目が届かないから……」

という理由で禁止するのは、今でも忸怩《じくじ》たる思いでいます。本来、子どものときは、自由にのびのびとさまざまな体験をさせたいものです。

さて、禁止している体育館裏ですが、それでもついつい行ってしまう子どもたちが

います。そのたびに気付いた教師が注意していますが、

「追いかけっこをしていて、逃げてたら行っちゃった」

「石の下にいる虫を探そうと思って、だんだんと奥に行っちゃった」

つい気付かず行ってしまったという例もありますが、

「ここだと誰も来ないから、ドロケイの隠れ場所に使ってた」

「先生がダメって言うから、何があるのか見てみたかった」

聞いてみると、確信犯的なものまでありました。実は、私はその確信犯的な子どもたちにこそ、チャレンジ精神があるのではないかと感じています。いけない場所だと知っていて、あえてそこに出かけているからです。

「そんなことを認めて、本当に誘拐にでもあったらどうするんですか？」

同僚の焦り声が聞こえてきそうなので、大っぴらには言いませんが、それでも心の中で、

（いいぞ！）

と叫ぶことがあります。

そもそも、子どもという存在は好奇心の塊です。好奇心はチャレンジ精神の源です。

「ああ、楽しそうだな」

そう思えるから、

「じゃあ、チャレンジしてみようか」

ということになるわけです。子どもから好奇心を奪っておいて、進んでチャレンジするように言っても、けっして動機付けにはなりません。行ってはいけないところに行ってしまった子は、自分の好奇心を満たすために出かけたのです。その気持ちくらいは汲んであげたいと思っているのです。


さて、児童指導専任教諭という立場上、体育館裏に行ってしまって注意を受けた子の顔を見ることがありますが、そこで感じるのは子どもたちの目のキラキラです。形式上は注意を受けているのですが、冒険にでもやって来たような顔をしています。私もそこはわかっているので、

「まあ、気を付けて」

程度で終わらせると、

「おい、まだ休み時間残ってるから、外行こうぜ」

元気そのものです。彼らはこれからもそうした小さな冒険を重ねていくことでしょう。冒険することで、自分たちが足を踏み入れられる範囲を広げていくのです。チャレンジ精神そのものと言えましょう。

全員を知っているわけではありませんが、知っている範囲で言うと彼らの親にも特徴があります。

「これはダメでしょう」

などの過度な制限を子どもに加えていないことです。不要な制限は、子どもたちが足を踏み入れられる範囲を狭めてしまう懸念があります。あるところで何かを禁止されると、

「他もダメかな……?」

子どもはそう思ってしまうものです。何に対しても普段から行かないように、やらないように、近寄らないように伝えているのに、大人の都合で急にチャレンジするように言ってもそれは無理というものです。

これからも大っぴらには体育館の裏に行っていいとは言いませんが、

「でも、それでも行くような子に育てて、正解です」

この場を借りて伝えたいと思います。

給食を食べる速さを競い合う

どのクラスにも、給食を食べ終わるスピードを競い合うような子たちがいるもので

す。あまりにマナーを逸脱した場合は注意しますが、普段は放っておきます。というか、微笑ましく見守っています。元気さをほめる意味で母親にそのことを伝えると、

「先生。もうお恥ずかしい限りです。家でろくな物を食べさせていないみたいで……。帰ったらちゃんと言っておきますので……」

恐縮しきりでしたので、慌てて伝えた真意を話しました。

「近頃、苦手な物は食べないという子が多い中、好き嫌いなく何でも食べて偉いなと思っていたのです。それに、給食を食べるスピードとはいえ、友だちと競い合うというのはチャレンジ精神がある証拠でしょう」

「えっ、チャレンジですか？」

母親はまだ合点がいかない様子なので、さらに付け加えました。

「チャレンジ精神とは、指示を待つのではなく、自ら前に踏み出す力と言い換えることができると思います。単なるスピード競争かもしれませんが、私が指示したわけではありません。自分たちで勝負しようと決め、一歩踏み出したのです。今回は給食という場面ですが、算数で得意な単元が出てくれば、どちらが問題を解き終わるのが速いか、また競い合うことでしょう。そうした素地を持っているということが大切なのです。あの子は今のままがいいと思います」

子どもにとってのチャレンジ精神とは、偉業に挑戦するといった大層なものではなく、日常的にちょっと背伸びをする経験と言えるでしょう。おとなしい子にとっては、いつもより少し大きな声で挨拶することも、大きなチャレンジでしょう。苦手なピーマンを頑張って食べることもチャレンジの一つです。誰かと競うということは、その最たるものです。目に見える結果が出るため、それなりの負荷がかかるからです。チャレンジには、敗北を受け入れたり、失敗を認めたりする経験もついて回ります。それこそ、2050年を生き抜いていく力になるのではないでしょうか。

今まで数多くのクラスを担任してきた中で、食べる速さを競い合ってきたような子たちを思い返しています。ある子は、東南アジアで市場を開拓する仕事をしています。現地の方と気さくに触れ合い、

「食べられるものは、何でも食べています」

相変わらず食いしん坊なようです。ある子は、アメリカの大学に行き、現地のサッカーチームに入ってプロを目指すと言っていました。ある子は、証券会社への就職が決まると、

「勤めたからには、最後は社長を目指します」

頼もしいことを言っていました。内向きなだけでは乗り越えられないこれからの時

代、チャレンジ精神はなくてはならないものでしょう。

早食い競争をしていた子の母親ですが、最後にこんな質問をしていました。

「先生。ウチではよく噛んで食べるように言ってますし、実際に慌てて食べる様子なんてないんです。どうして学校だとそんなになってしまうのでしょうか？」

いぶかる様子の母親に、私はこう話しました。

「それは、お母さんがあの子に何でもチャレンジするように育ててきたからです。〝無理だから止めなさい〟ではなく、とりあえずやってみなさいと言うでしょう。あの子にとって、チャレンジは日常的なことなのです。学級委員にも立候補し、遠足では実行委員長まで務めました。算数をやらせても、課題が難しければ難しいほどガッツを見せます。そういうふうに育っているので、自然と給食の時間に友だちと競い合おうとなっただけです。給食だけ取り出して見ると気になるかもしれませんが、それもチャレンジする姿勢が身に付いているあの子の一部分です」

ようやく満面の笑みを浮かべると、母親は家路につきました。

ある部分だけを切り取って見ると、子どもの姿を的確に評価できないことがあります。大切なのは、その行動がどんな背景から生まれているかを知ることではないでしょうか。たかが給食ですが、私はされど給食だと感じています。

一度は学校に泊まってみたいと言う

新聞の投書欄にこんな意見がありました（『読売新聞』2020年8月2日付）

《私は小学校の頃、夜になると学校にお化けが出ると言われてから、夜の学校がどうなっているのか気になっています。以前、夜に母と車で中学校の横を通った時は、先生方の車が数台あり、職員室の電気だけがついていました。夜、学校には入れません。ますます気になって母に話すと、高校なら、夏休みに部活で学校内の合宿所に泊まれる所もあるそうです。一生懸命勉強して高校生になったら、小学生の頃から気になっていたことの答えが出るかもしれません》

女子中学生の投稿です。何てかわいらしいんだろうと思うと同時に、子どもの好奇心というのは大切にしなければならないと感じました。

小学校の自分のクラスでも、学校に泊まりたいかどうか聞いてみました。

「みんなで泊まると楽しそうだから、やってみたい」

「思い出になって楽しそう」

「何かドキドキする」

肯定的な意見が大半でした。普段勉強するのと同じ教室ですが、過ごす時間帯が違うだけでなく全員で泊まることを考えると、何とも言えず刺激的なようです。ちょっとドキドキするけどやってみたいというのが子どもなのでしょう。

「面倒だから、いいや」

大人になって味気ない気持ちを持つより、何と素敵なのでしょうか。

もちろん、現在のコロナ禍では検討する余地すらないことですが、実は過去に何度か職員会議で学校泊について提案したことがあります。子どもにとって、少し背伸びしたチャレンジになると考えたからです。

「面白いですね」

反応の第一声は概ね肯定的ですが、議論を深めていこうとすると難色を示す意見が増えてきます。

「気持ちはわかりますが、実際に教室に布団を持ち込むとしたら、誰が運ぶんですか?」

「子どもの親でいいと思います」

「でも、すべての家庭で親が夕方までに帰宅しているわけではないでしょう」

「親同士で頼んだりすればいいのではないでしょうか」

「でも、頼む相手がいなければ、その家庭はどうなるんですか?」

毎度のことですが、形勢はすぐに悪くなります。子どもたちの健康を危惧する声も上がります。

「教室で寝たとして、寒くて風邪をひいたらどうするんですか？」

「エアコンを入れておけば平気でしょう」

「それでも寒かったら、どうするんですか？」

「厚着して寝れば大丈夫だと思います」

「でも、風呂には入れませんよね」

「一晩くらい風呂に入らなくても、特段問題はないと思います」

「いいえ、衛生面では問題だと思います」

「では、家に戻って風呂に入ってから再び学校に来れば？」

「湯冷めしてしまいます。それに、登校中の安全はどうやって確保するのですか？」

多勢に無勢、だいたいいつもそのあたりで話し合いは打ち切りとなります。実現しかかったことすらありません。

慎重になる気持ちは私にもわかります。安全面や衛生面での課題、家庭の協力の問題、食事の問題など、解決すべきことがたくさんあるからです。前例がないのも、躊躇させる要因でしょう。ただ、検討課題にすら上らないことに、やはり味気ないという気持ちになってしまいます。

「面白そうだね」

大人が率先してそう感じ、本当に実現可能かどうかチャレンジする姿勢こそ、子どもたちがチャレンジ精神を発揮する原動力になると考えているからです。

お母さん方にもお聞きしたいと思います。

「学校に泊まってみたいというお子さんはいますか？」

もし当てはまる子がいたとしたら、少なくとも教師よりはチャレンジ精神があると言えるのではないでしょうか。

ときにやたらと張り切って宿題を頑張ってくる

学校の宿題を出すと、

「教科書○○ページの問題を解いてきなさい」

限定した指示の場合は、みんなが同じようにやってきます。というより、それ以外にやりようがないでしょう。それが、

「テストで満点を取れると思うだけ勉強しなさい」

「この連休は自由研究を宿題とします」

「覚えるまで漢字練習をしましょう」

量でなく内容やねらいをゴールにすると、たちまち取り組みに差が出ます。しっかりやってくる子、怒られないようにとりあえずやってくる子とに分かれるのです。

私は今まで自主学習を宿題にすることが多かったのですが、やってくる子は毎回充実した内容を提出します。料理の研究と実際の料理作り、星の観察、全国の野菜収穫量調査、飼っている昆虫の観察、ウイルスの調査などの自由研究的なものから、算数の復習、国語の漢字練習、作文など補習的なものまで、実に多種多様です。ごく一握りですが、相当やってくる子は、夏休みの自由研究並みの完成度で毎回提出します。

「こんなに頑張ってたら、遊ぶ時間もないでしょう」

そう言って量や時間を制限するほどです。それでもやってこようとする理由を聞くと、

「自分から進んでやるのが楽しくなった。テレビやゲームよりも楽しいって感じるときもある」

あくまでも前向きな答えです。ただ、こうした子はほんの一握りです。残った子は、自主学習をノルマとしてやってくるのですが、それでも突然ものすごい勢いでやってくる子がいます。母親に会ったときに子どものことをほめると、

「ウチのはやるときはやりますが、やらないときは全然です。他の子のように毎回頑張るならいいんですけど、気が向いたときだけ頑張っても……。まあ、忘れ物をしていなければ、良しと思ってます」

謙遜ではなく、たまにしかエンジンがかからない子どもに、さして期待していないといった様子でした。

私はこれは違うと思います。ゼロと数回とでは、無と有の違いがあるからです。数回でも爆発的に勉強する子は、何かにチャレンジしようという素地を持っているのです。いわば、スイッチがあるかないかの違いと言えるでしょう。確かに母親からすると、継続的にやってほしいものでしょうが、それは大人でも難しいことです。チャレンジ精神はあっても、それを続ける力がまだないだけの話です。

卒業生で東大に現役合格した子がいましたが、その子がそんなタイプでした。普段から本気を出しているのかどうかわからない、のらりくらりしたタイプでしたが、何の前触れもなく突然ものすごい質と量の勉強をしてくるのです。

「半端ないねえ」

絶賛したものの、次からは他の子よりも出来栄えが悪いのです。当時の私は彼をどう評価していいかわかりませんでした。ただ、極端な取り組みをする彼が、将来どの

ような方向に行くのか注視していたのです。すると、ある年の年賀状に、

『東大に合格しました』

と書いてあったので、私なりに合点がいったのを覚えています。大切なのは、普段は面倒だと思っても、気が向いたらチャレンジすることです。

それは宿題でも、縄跳びの二十跳びへの挑戦でも、絵を描くことでも、何でもかまいません。あるときピタッと止めたとしても、

「ウチの子、あれほど縄跳びに夢中だったのに、あれから全然やっていません」

悲観することは全くありません。

「一枚絵を描き上げたら、それっきりです。もしかしたら、絵の才能があるかと思ったのですが……」

画家になるわけではないので、変に期待してもいけません。宿題も、縄跳びも、絵画も、それ自体が目的だったわけでなく、

「チャレンジしてみようかな」

内なる衝動に従って取り組んだのです。対象がたまたま運動や図工に関することだっただけでしょう。

強く言いたいのは、時として何かにチャレンジするような子は、いつか何かで爆発

する力を秘めているということです。親の側には、それが継続するように欲張るのではなく、いずれ花開く時期を期待するというゆったりした姿勢が必要でしょう。

2 家庭での生活編

母親と話をしていて感じるのは、

「もうウチの子は、余計なことばかりして……」

という愚痴の多さです。

「余計なことをするのが子どもでしょう」

とまでは言いませんが、彼らがエネルギーを持て余しているのは事実です。また、子どもの世界では必要不可欠なものであっても、大人から見ると不要だというものもあります。わざわざ新しい服を買って着せたのに、その日のうちに汚して帰ってくるのが子どもというものです。母親からすると、

「どうして、もっと気を付けなかったの?」

納得いかないでしょうが、子どもからすると、

「だって、今日はみんなで遊ぶ大切な日だったから」

必要だったという言い分になります。冷静に考えてみれば、新調した服を気にして遊びに集中できない子より、そんなことなど忘れて遊びに熱中する子のほうがはるかに見どころがありますよね。子どもはいい線行って育っているので、ネガティブに見過ぎないことも大切だと感じています。

わざわざ道にできた水たまりに入っていく

雨の日に外を歩いていて、母親と子どもが手をつないで歩いているのを見かけました。やがて、子どもは母親から手を離しました。何をするのかなと思っていると、しばらく先にある水たまりに入っていったのです。

「もう、何してるの？　濡れるじゃない！」

注意したときには、すでに子どもは水たまりを通過しています。母親からすると、洗濯物が増えるのを避けたいところでしょう。一方、子どもからすると、

「あっ、水たまりだ。面白そうだな」

好奇心からついつい入ってしまったのです。

母親としては、水たまりを見つけたらちゃんと迂回し、濡れないようにする子を良しとしたいものでしょう。でも、私の考えは少し違います。濡れないようにしてほし

いというのは親の都合で、子どもには水たまりが濡れる危険性のある対象ではないからです。言うなれば、遊園地のジェットコースターのようなものでしょう。

「ちょっと怖いけど、試してみたい」

そんな心情でしょうか。もしかしたら深いと思われるところに足を踏み入れるのは、チャレンジ精神につながると考えます。

先ほど、灰谷健次郎氏の小説『きみはダックス先生がきらいか』の中の一節を取り上げました。ダックス先生は廊下歩行と併せて、もう一つ「道くさをしないようにしましょう」という生活目標を「道くさをしましょう」に変えています。その理由について、子どもたちにこう話しています。

「毎日ちがう道を通ってかえるなんて、とてもすてきなことじゃありませんか。いろいろなことが発見できますよ。ぼくはこのあいだの家庭訪問のとき、道くさをくったおかげでいろいろなことを知りましたよ。このへんは真野の里というんだそうですね。菅原道真というお習字の天才が、ここで書をしたんです。それでまちの名まえが御蔵菅原とついたんだそうですね。（中略）とにかくですね。いろいろなとこを知ることができますよ。おもわぬ昆虫を見つけることができるかもしれません。よく見ると、まちの中でもたくさんの植物がはえています。そういうのを採集しながらかえるというのも、なかなかいいではありませんか。家へかえるいちばんの近道を見つけるというのもおもしろいですよ」

何もせずに人生を歩むのではなく、ところどころ道草を食ったりチャレンジしたりすることを奨励しているのです。私は、そうした姿勢こそが人生に深みを与えていくものだと考えています。

確かに、水たまりは迂回したほうが安全です。道草など食わず、真っすぐに家に帰ったほうが遊ぶ時間が長く取れるというものです。

「でも……」

私はやはりそう思ってしまいます。安全や効率だけで、子どもが育つものではないからです。チャレンジすることとは、リスクがあっても向かって行ったり、ときに立ち止まったりすることです。そんなとき、子どもの心の中は冒険心で満ち溢れていることでしょう。これからの時代、ただ言うことを聞いているだけでは済まないのです。

ただ、何でもチャレンジする子を育てたいと思って、

「水たまりよ。どんどん入りなさい」

と言っても、無意味です。水たまりに入っていくというのは、一つの象徴的な出来事に過ぎないからです。大切なことは、洗濯などあとの面倒くささや効率を重視しな

い姿勢です。子どもは遠回りし、一見非効率なことに熱中し、大人からしたらどうでもいいことにこだわるものです。もし子どもが水たまりに入るようなことがあったら、

「そういうのって、楽しいよね」

と言ってみてください。子どもは自分の冒険が認められたと思い、これからもいろいろなことにチャレンジしていくことでしょう。その日を境に急に洗濯物が増えるわけではないので、安心してください。

家から離れた知らない場所に遊びに行きたがる――

今はコロナ禍の問題があり、また小さな子が事故や事件に巻き込まれることも多く、安易に遠くに遊びに出かけることを勧めるのは難しい時代です。でも、子どもは世の中全体のことを見ているわけではなく、自分がどんなことをしたいかという一点で遊びに出かけます。あまり遠くに出かけたり、危険な場所に行ったりしていたら注意は必要でしょうが、安全が確保されていれば見守る姿勢が大切だと感じています。


このことは、夏休み前にある母親から相談を受けました。

「先生。ウチの子は、本当に知らないところに行くのが好きで……。一人で行くのならまあ仕方ないと思いますが、自転車に乗って他の友だちを誘って行くのです。何か

事故や事件があってからでは、よその保護者に申し訳ないので、禁止しようと思うのですが、どう考えられますか？」

これはなかなか回答が難しい問題でした。

「いやいや、どんどん行かせましょうよ」

と言って何かあったら本当に大変です。かといって、

「禁止してください」

では、子どもがチャレンジする姿勢を奪ってしまいます。

「ほどほどにさせましょう」

ぼかした回答も卑怯です。折衷案になるかもしれませんが、

「子どもが行きたいと思う場所を聞いておき、親がその場所の安全性を確認した上で許可するというのではどうでしょう？」

そのときはそう答えました。安易に子どもの冒険心を奪ってほしくなかったからです。

子どもがわざわざ遠くに出かけるのは、行ったことのない場所に行ってみたい、見たことのない景色に触れたい、近くでは体験できない遊びをしてみたいという心理です。そのような気持ちを持つに至ったのには、間違いなく親の姿勢があります。親が

いろいろな所に子どもを連れて行って今までにない体験をさせたり、キャンプに出かけて自分の手で生活する術を教えたり、景色の良い所に案内し自然の素晴らしさを教えたりしてきた成果です。親自身も、知らない場所に出かけるのが好きな幼少期を送ってきたためでもあるでしょう。いずれにしろ、

「知らない所に行くのは楽しいよ」

と言える子に育てたのは、親の功績に他なりません。知らない所を楽しく感じられる子は、知らないことに対しても果敢にチャレンジできる子でもあります。これからの時代、実に頼もしい限りです。

さて、10年近く前の話になりますが、やはり一人で遠くに出かけるのが好きな子を高学年で受け持ちました。片道30㎞もある川沿いの道を自転車で3時間近くかけて走り、太平洋に出るのです。帰りも同じく30㎞の道が待っています。やや上りになる分、帰りのほうがきついと言っていました。当時、遠くに出かける理由を聞いてみると、

「知らない所に行くのはワクワクするから」

と答えていました。また、何かあったらと不安はないか聞いてみたところ、

「ないわけじゃないけど、楽しみのほうが大きい」

これまた頼もしい答えが返ってきました。彼もやはり何事にも進んでチャレンジで

きる子でした。その後の彼は、国内では飽き足らず何年間か海外に出かけ、やがて日本に戻ってくるとマーケティング調査の仕事を始めたのです。

「同じ場所で働いていて飽きない？」

彼に聞いてみると、意外な答えが戻ってきました。

「今は飽きないですね。どこにも出かけなくても、今の仕事は挑戦の連続です。これはこれでワクワクしますよ」

子どもが平気で知らない所に出かけられるのは、結局は親がそう育てたのです。そして、これからの時代を生き抜くのに必要なチャレンジ精神に直結する類の力です。

「お母さん、それでいいんです。かなりいい線行ってますよ」

改めて激励の言葉を送りたいと思います。

プールを作ると言って空き地に穴を掘る

この話を母親から聞いたときは、うれしくて顔がほころんでいたのでしょう。

「先生。笑い事ではありません。プールなんてそんなもの、子どもの手で作れるわけないじゃないですか。ウチの子、ちょっと変なのでしょうか？」

笑ったのは、私が小学生のときのことを思い出したからです。プールではなかったのですが、あのときは、体育館の下に穴を掘り、隠れ家を作るつもりでした。先生方にばれないようにやったつもりですが、今となって思い返すと先生方はご存じだったはずです。

「まあ、どこまでやれるか見ていましょうよ」

くらいの余裕で、見守っていたに違いありません。穴はだいぶ掘れましたが、クラスの全員が入れる広さと言うには、程遠いものでした。

大人になると、だいぶ正確に予想ができるものです。仮に広めの穴を掘ったとしても、そこに水が溜まるはずもなく、間違いなくプールはできません。体育館の下に40名が入れるスペースを掘るには、トラック何台分かの土を掻き出す必要があるでしょう。それを小学生がスコップで掘っているのです。

それでも、当時の私は大真面目でした。

「みんなを招待するんだ」

目的はその一点だったからです。物事を的確に想像する力がないゆえにチャレンジできたことでしょうが、今になって思えばそれがあの頃の強みだったとも思えます。

大人になった今、もしかしたら成し遂げられるかもしれないのに、

「そんなの、無理でしょ」

ときに、勝手に結末を決めつけている自分がいるようにも感じられます。

巨大な地下空間を掘ろうとしていた自分でも、今はかなり小さくまとまっています。

もし、何でも無理だと決めつける感覚を小学生のときから持っていたら、どうなってしまうでしょうか。

「25メートル泳いでみようよ」

「えっ、そんなの絶対無理だよ」

「じゃあ、半分の13メートルまでだったら？」

「それも、無理！」

最後は水に顔をつけることさえ無理ということになってしまいます。子どもの時期は天井を決めず、何でもチャレンジするのがいいのです。そうやってできる範囲をどんどん広げていくからです。

ところで、プールを掘ろうとしていた子どもたちは、一体何を学んだのでしょう？

現実的には掘れなかったので、子どもの手では何もできないと悟ったのでしょうか。

私はそうではないと思っています。その反対です。

「次はちゃんとプールが掘れるように、もっと体力を付けよう」

「大きくなったら、もう一度チャレンジしてやろう」

ポジティブな気持ちになったはずです。なぜなら、物事のスタートがチャレンジから始まっているからです。やがて大きくなり、いろいろなこと学んで現実を知ったとき、もうプールを作ろうなどとは思わないかもしれません。それでも、

「作ってやろう」

という気持ちが根っこに残っているものなのです。私はそこにこそ大きな意味があると思っています。

もう一度母親に言いたいと思います。

「子どもはプールを掘っていたのではなく、自分の可能性を掘っていたのです。そのチャレンジは大きくなってまた違う形で花を咲かせるでしょう」

何かと効率性やら現実性やらを問われる時代ですが、よくぞプールを作ろうとしてくれたと子どもをほめ上げたいくらいです。また、そのような子を育てた親に敬意を表したいと思っています。

生き物をつかまえてきて上手に飼育する

小学生にとって身近な生き物といえば、間違いなく小動物や昆虫でしょう。小動物でいうとトカゲ、変わったところではヤモリなどを飼っている子がいます。昆虫でい

うと、春はモンシロチョウやアゲハチョウ、夏はカブトムシやクワガタ、秋はトンボにバッタと、さらに多種多様になります。大人の中には爬虫類や昆虫が苦手だという人も多く、つかまえてきても、

「すぐに逃がしてきなさい」

と言う家庭も少なくないでしょう。

さて、その生き物の飼育ですが、初めて飼うとしたら何が何だかわからないでしょうが、何度も飼ううちにいろいろなことがわかってきます。どんな餌が必要なのか、飼育ケースはどのようなものを準備すればいいのか、温度はどのくらいに設定すればいいのか等、長生きさせるための知識を得ていくのです。そうして知れば知るほど、飼うこと自体が面倒になっていく可能性があります。私も小学生の頃、何度か昆虫を飼ったことはありましたが、飼い方がわからず死なせてしまい、もうコリゴリとなりました。そんな面倒なことを知っていて、つまりリスクを抱えながらも飼おうとするのは、生き物が好きであると同時にチャレンジ精神がある証拠と言えます。

「先生。冬になったけど、まだクワガタ元気にしてるよ」

私が夏に森でつかまえてきたクワガタを何人かの子どもにあげましたが、どの子も上手に飼っています。

そんな子どもの夢中になる姿を見ても、やはり生き物を飼うことに閉口する家庭はあるようです。

「先生。カブトムシって夜行性だったんですね。夜中、隣の部屋でバタバタ音がするから、何かと思って行ってみると、カブトムシが飛んでいるんです」

親は当然反対しますが、子どもはそれでも飼いたいと言います。親の反対を押し切ってでもチャレンジしたいと思うのです。

そもそも、チャレンジとは、困難な問題や未経験のことなどに取り組むことです。大人にとっては生き物を飼うことは経験済みでも、子どもにとっては初めてです。それを大人の感覚で、

「そんなの飼っても意味ないでしょ」

ではいけません。子どもが小動物や昆虫を飼うということは、大人に当てはめてみると、馬を飼うようなものなのです。もしも初めて家にやってきた馬を見たら、心躍ると思いませんか。

「こんなの飼えるかな？」

ドキドキもするでしょう。

「絶対長生きさせるために、ちゃんと調べよう」

健康に育てるための努力も始めるはずです。間違いなく、大チャレンジです。子どもの心境は、まさにこのような感じです。

もちろん、何も生き物を飼うことを強要するわけではありません。極度に苦手だと現実的には難しいものです。それでも、生き物をつかまえてきて上手に飼育しようとしている子は、なかなかいい線行ってます。そういうきっかけを家庭で作ってきたのは間違いないことです。

「ねえ、クワガタつかまえてきたから、何年も長生きさせるね」

もし子どもがそう言ってきたら、チャレンジ精神が芽生えてきた証拠だと思い、評価してあげるといいと思います。

ちなみに、クワガタの種類にもよりますが、温度管理と餌やりをきちんとすれば、越冬はもとよりそれ以上長く生きることもあります。

一度に読み切れないほど何冊もの本を借りてくる

本をあまり読まない子にとって、図書館に出かけて一冊の本を借りることは相当高いハードルでしょう。何万冊もの本の中から、自分に合った一冊を選ぶ作業は、かなりのエネルギーを要するはずです。その子にとっては、一冊借りるということ自体、大きなチャレンジと言えるのです。

やがて読み慣れていくと、図書館での本の分類方法がわかり、自分の探している本が短時間で見つかるようになります。私もよく図書館に行くから気付いたのですが、頻繁に本を借りる子の中でも、一冊だけ借りる子と、貸出可能な最大数まで借りる子に分かれているように感じます。

私はというと、〝一冊ずつ借りる派〟です。読んでみたい本が何冊もあり、何度か5冊程度の本を借りたことがありますが、机に重ねた本の厚さを見てプレッシャーに感じるのです。

「ああ、こんなに読まなければいけないんだ」

視覚に入る分量から意気消沈してしまうのです。好きなことなのに、「分量＝困難」だと感じてしまうのは、チャレンジ精神に欠けるからだと自認しています。

一方、図書館で複数の本を借りる子は、意気揚々としたものです。私にできないから羨望の眼差しになってしまうのかもしれませんが、カウンターで手続きを終え、振り返ったときの表情は自信がみなぎっています。知らないおじさんがその子たちにインタビューすることはできないので、クラスで該当する子を探して話を聞きました。

「え？　読みたい本がいっぱいあったから」

オススメ本
本をよもう
561 料理
571 農業
581 交通
591 美術
601 音楽
611 地理

何とも素っ気ない返事です。

「でも、先生だったら、そんなに本が積んであったら、全部読まなければいけないみたいでプレッシャーになっちゃうけどな」

本音を伝えると、合点がいったとばかりに説明を加えてくれました。

「全部読まなければいけないっていうんじゃなくて、本当に全部読むの。だって、読みたいから借りたんだもの。先生はプレッシャーって言ってるけど、どちらかと言うと私はワクワクのほうが強いかな。今読んでる本だけでなく、このあともっと楽しいことが待ってるっていう感じ」

この言葉を聞き、この子にはチャレンジ精神が満ち溢れているのだなと感じました。

チャレンジとは、困難な問題や未経験のことなどに取り組むことです。私も本は好きですが、一般書と異なり小説を読む場合、はじめの数十ページは物語の世界に入り込めず苦労します。その苦労がストレスの一因です。また、一口に読書と言っても、書いてある内容はすべて完全に異なります。すべてが未知の世界なのです。そうして考えると、

「この先、どうなるんだろう？」

ワクワクだけでなく、未知との遭遇は不安と向き合うことにもなります。本をたくさん借りられる子は、そうした課題をクリアしているのです。チャレンジ精神があると言っても、けっして過言ではないでしょう。

図書館での親子の様子を見ていると、母親がたくさん借りている場合、子どももそれに倣っている場合が多いです。チャレンジ精神は母親譲りといったところでしょうか。今度子どもが手にした本の厚みを見たとき、

「あっ、この子、結構いい線いってるかも……」

そんなことを思っていただけたら、長々と訴えてきた甲斐があるというものです。

Part 5

その行動、ストレス耐性がある証拠です

子どもたちを待ち受ける未来に備えて

担任として子どもたちと毎日接している中で感じるのが、これからはストレス耐性を身に付ける教育を最重視する必要があるということです。経団連の調査では、コミュニケーション能力や主体性ほど重要視される指標ではありませんでしたが、これからの時代、過度なストレスが待ち受けているのは明白だからです。社会は不寛容時代を迎え、何でもかんでもクレームです。

「何で、俺が待たされなきゃいけないんだ！」

ある日、年配の男性が図書館のカウンターで怒鳴り声を上げている様子を目にしました。対応している女性は目に涙を浮かべています。近くに寄って子細を確認してみると、大したことはないのです。予約しておいた本を係員の方が取りに行っている間、別の利用客の貸し出しを優先させたという内容です。本を確認するのに時間がかかるので、待っている利用客の手続きを先にするのは当然の判断です。でも、

「俺をないがしろにした」

彼にしてみると、そういうことなのです。デパートの食料品売り場でも、似たような光景を目にしました。中年の女性がレジ係の若い女性に訴えていたのは、

「私のことを馬鹿にして！」

それが客に対する態度なのかということでした。これも原因は大したことはないのです。買った食料品を袋に詰めるのに、その順番が気に入らないというのです。

「こんなことをしたら、潰れちゃうでしょ。全く、私がセール品を買ったからって、馬鹿にしてるんでしょ」

そんなに気に入らないのであれば、自分で詰め直せばいいだけの話です。子どもたちが大人になったとき、こうした理不尽とも向き合わざるを得ないのです。

人間へのストレスという点から言うと、地球環境も大きく変わり始めています。今までは、日本にこれほど頻繁に竜巻が起こることなどありませんでした。巨大な竜巻は、ハリウッド映画の中の出来事だったのです。気温の上昇にも歯止めがかかりません。２０２０年2月、南極で初めて気温が20℃を超えた観測が報告されました。もはや異常事態です。子どもたちが社会で活躍しているであろう20年後、夏の気温が普通に40℃を超えているのではないかと言われても、今さら驚くほどでもありません。同時に、気温上昇により未知のウイルスが確認されることもあるでしょう。今回のコロナウイルスでさえ、まだ警告の段階かもしれないのです。

日本の立ち位置も難しくなっていくでしょう。今後の人口減は紛れもない事実です。

出生率は下がり、超高齢化社会が到来します。必然的に現役世代は少なくなり、日本の産業を支えるには足りないことは明白です。そこで、外国人労働者を入れざるを得なくなってくるのです。デスクの正面も両隣も外国人という環境は、もはや現実のものとなる時代がやってきます。タフな外国人と渡り合うには、タフな日本人でなければなりません。

「えっ、そんなの無理！」

では通らないのです。グローバルな社会の加速、つまり人材の流入は未知のウイルスを流行させる原因ともなるでしょう。

「日本のことは、日本人だけでやるから」

もはやそれでは済まないのです。

不寛容な社会になり、みんながピリピリしています。内だけでなく、外にも難題が山積しています。もはや、正確な将来像など誰にも予想がつかず、何があってもおかしくない時代を迎えるのが、今の子どもたちの世代なのです。だとしたら、何が起こっても落ち着いて対処できるようにしなくてはなりません。尋常ならざるストレス耐性を身に付ける必要があると言えましょう。ただ、一気にタフな子にするのは不可能です。

「これって、ストレス耐性が身に付いてきた兆しでは……？」

と思うことがあったら、そこを評価していくことから始めるのが大切です。本物を見極める目が、我々大人に求められているのです。

1 学校での生活編

ストレス耐性についても、大人の都合で見てはいけません。子どもとは、生きている時代や社会の在り方も違うのです。つまり、かかるストレスが変化してきていると言えます。私たちの時代、そうは言っても私は昭和の人間ですが、先輩からの理不尽な要求が一つのストレスでした。先輩が無理難題を押し付けてきても、

「わかりました」

従順であることが、一つの耐性として見られていたと思います。でも、子どもたちの未来に降りかかるストレスは大きく姿を変えています。極端に言うと、未来にはどんな社会や環境が待ち構えているのかわからないという、先が見えないストレスです。だとしたら、何が起きても対応できるようなマインドを持った子を育てることこそ、彼らの幸せになるでしょう。そのように見ていくと、

「そんな行動あり得ないでしょう」

思わず言いたくなるような、今までの価値観や考え方では不正解だったものが、正解に転じていることも頻繁にあると予想されます。今の時代を生きている親が育てているのです。教師の感覚のほうが古いなんてことは、きっといくらでもあるでしょう。

窓ガラスを割ったくらいでは全然しょげない

大勢の子どもが生活する学校では、窓ガラスが割れることがよくあります。教室を走り回っていてぶつかったり、投げた物が当たったりと理由はさまざまですが、ケガがなければその場で理由を聞き、場合によっては指導します。中には、理由を聞いている最中に泣き出す子もいます。

「ゴメンナサイ」

と言いながら泣くのならまだいいのですが、黙ったまま泣いている子もいます。泣くことによってこれ以上怒られないように無意識に先手を打ったり、注意されている自分がかわいそうだという構図を勝手に作り出していたりするようです。いずれにしろ、たかが窓ガラスを割った程度なのに、大地を揺るがすほどの出来事に置き換えてしまっているのは、ストレス耐性がうまく身に付いていないことのあらわれです。

窓ガラスを割っておいて、逆切れしたりケンカ腰になったりする子はさすがにいませんが、中には極端にしょげることなく堂々と胸を張っている子も少数います。私は、その子たちこそストレス耐性が身に付いているのではないかと感じています。

「どうして割っちゃったの？」

「教室で追いかけっこをしてたとき、前に逃げてた子がドアを閉めたので、ブレーキがかからなくてそのままドアに当たって倒してしまいました」

「教室で走るのはまずいよね」

「はい。これからは気を付けます」

「ちゃんと反省できた？」

「はい。もう同じことはしないようにします」

「一応、家の人にも電話しておくよ」

「はい」

こんな調子です。泣くことも保身に走ることもありません。前に走っていた子がドアを閉めたことを言い訳にしたいのでしょうが、そんな様子もありません。しょげることなく、淡々と反省しているといった感じです。ガラス片を片付け、

「まあ、いいや。もう片付けたから、外に行って遊んでおいで」

　こちらも淡々と伝えると、

「ありがとうございます」

と言って、元気に校庭に出ていきました。窓ガラスを割ったことなど、はるか昔のことといった感じです。もっとも、口振りや様子からは、しっかり反省していることは伝わってきました。

　本人に伝えた通り、母親にはその日のうちに電話しました。

「お子さんから聞いていると思いますが、今日教室のドアのガラスを割るということがありまして、電話しているところです」

「もう、先生、すみません。事実関係としては、あの子が勝手に走っていてガラスを割ったようで……。完全にウチの子だけ悪いことなので、さっきもきつく叱っておいたところです。でも、何か先生が寛大にご処置してくださったようで、全然悪びれてる様子がないんです」

　恐縮しきりです。

　でも、私の考えは違いました。子どもはそのくらいでいいと思っていたからです。

「いいえ、あの子はちゃんと反省できています。それよりも、ガラスを割ったくらいであたふたしたり、泣きじゃくったりするほうがよっぽど心配です。ガラスを割ったことを、世紀の大事件のようにとらえてしまっているからです。子どもたちの未来では、このガラスどころではない大変なことが起きるでしょう。そのたびに動揺していては、激動の時代を生き抜いていくことなど不可能です。あの子が慌てていないのは、ストレス耐性が身に付いているからではないでしょうか。お母さん、できればこれからも今の育て方を続けていってくださればと思います」

そこまで伝えると、私は電話を切りました。電話越しですが、母親に真意が伝わったようでホッとしました。

ところで、もし反対にガラスを割ったことで、親や教師が大騒ぎしていたらどうなっていたでしょうか。たかがガラス一枚なのに、子どもには、

「それって、そこまで大変なことだったんだ」

と感じさせるメッセージになってしまうと思います。そんな小さなことから萎縮する癖が身に付いてしまったら、大人になったとき彼らの耐性はどうなってしまうのかと心配になります。

「うん、反省した。これからは気を付ける！」

くらいの子のほうが、これからの時代は安心です。それって、ストレス耐性が身に付いている兆しですから。

汗がたれていても拭かない

男の子でも女の子でも、夏の暑い時期に汗がたれているというのに、全然拭かないような子がいます。衛生面では拭いたほうがいいのかもしれませんが、とくに不潔だという感じもしません。ちゃんとハンカチも持参しています。でも、拭かないのです。子どもたちに聞いてみると、汗が流れ落ちるのが気にならなかったり、気付かなかったりすることもあるそうです。暑い時期、休み時間に校庭で遊んでくると、次の授業ではポタポタとノートに汗が滴り落ちているほどです。さすがに、ハンカチで拭くように言うと、

「あっ、本当だ」

まるで初めて気付いたことのように顔を拭っています。それでも、また汗が出てきます。しばらくするとまた滴り落ちますが、今度も気付かないようなのです。

私だったら、ベトベトするのが嫌なので、間違いなく汗を拭きます。そのまま汗が気になって、仕事の集中力が落ちるのも間違いありません。暑いだけで、

「うわあ、もう」

よく意味もない声を出しているそうです。早い話、汗に翻弄されてしまうのです。

ただ、自己弁護するわけではありませんが、普通は誰しもそうだと思います。

さて、汗がたれていても拭かないような子は、汗そのものが学習を阻害する原因になっていません。汗がストレスになっていないのです。こうした資質は、その子の将来にとって大きいと思います。汗だけでなく、その他のことも気にならない可能性があるからです。私であれば、雨で服が濡れたといっては気になり、ひどいときはお気に入りのペンが見つからないだけでイライラします。外的なストレスに弱いと言ってもいいでしょう。

おそらく、その子たちは、配られたプリントに折り目が付いていようが、全く気にならないはずです。細かいことが気になる子は、

「私のプリントだけ折れている」

となります。それでは、もっと大きなストレスが舞い込んできたとき、自分の力で対応することはできないでしょう。その子たちは、給食の時間に大切なゼリーを落としても、仕方ないと淡々と諦めます。でも、それが大ごとだととらえる子は、無言で担任を見つめ、取り換えてほしいとアピールするものです。それでは、自分の失敗を誰かが肩代わりしてくれない環境になったら、対処することは難しいでしょう。私はそのくらい大きな違いがあると感じています。

ある夏の日。クラスの子どもが体調不良で早退することがありました。母親が迎えに来てすぐに帰れるように、その子を昇降口まで送っていきました。熱があるとはいえ、35℃を超す猛暑日です。その子は汗をかいてもすぐ拭けるように、持参したタオルを首に巻いていました。母親が到着すると、私への手前、すぐに、

「何、あなた。首からタオルなんてかけて……。これじゃあ、みっともないでしょ」

子どもに諭していましたが、その出で立ちがやけに似合っていました。

「すみません。いつもこんな感じで……」

恐縮しきりでしたが、小さなことにこだわらないように育てたからこそ、この子は少々のことでは動じないようになったのではないかと再認識しました。

「お大事にね」

言葉をかけると、

「全然平気です」

体調が悪いのに、平気な顔をしています。何度も振り返りながら私に手を振り、見えなくなるまで気にしてくれていました。

母親がこの育て方の価値に気付いていたかどうかはわかりませんが、その親のもとでこれからも少々のことは気にしない人生を歩んでいくことでしょう。将来、連日の

ように気温が40℃を超えても、自己アピールが尋常でない外国人と仕事をするようになっても、タフに生き抜いていくはずです。

「お母さん、その育て方、完璧です」

二人の後ろ姿を見ながら、そんなことを思っていました。

水道水があるから水筒は要らないと言う

コロナ禍で、小学校では年間を通して水筒の持参が許可されたところが多いと聞きます。みんなが水を飲むために水道場に集まるのを避けるため、各自に水筒を持たせるというわけです。私の勤務する小学校でも同様の対応をしていますが、登校する子どもたちを見ていると多くの子が持参しています。夏場にはほぼ100％ではないかというほどの割合でした。

そんな中でも、水筒を持ってこない子がいるのです。けっして、金銭的な理由からではありません。本人に聞くと、

「面倒くさいから」

それが理由でした。

「えっ、でも、親が用意した水筒を持ってくるだけだから、そこまで面倒くさいわけ

ではないでしょ？」

　さらに聞いてみると、詳しく教えてくれました。

「この学校では水筒の中身がお茶類かスポーツドリンクになってるから、別に要らないんだ。だって、スポーツドリンクは好きじゃないし、お茶も普段あまり飲まない。そうすると、水を入れてくることになると思うんだけど、だったら水道の水を飲んでも同じじゃない。だったら、水筒も要らないってこと」

　理路整然と説明され、なるほどと納得しました。それならば、水筒を持参する必要はないでしょう。他の子は教室で水筒の中身を飲んでいるので、水道場の混雑もありません。何の問題もないということでしょう。

　この感覚は大したものです。普通だったら、みんなが水筒を持っているのに、自分だけないことを気にするものです。

「何で用意してくれなかったの？」

　泣き始めるかもしれません。水筒を忘れたからと、毎日何人かの母親が学校に届けに来る様子を見ていると、間違った推測ではないでしょう。でも、その子は涼しい顔をして、要らないものは要らないと主張しているのです。自分だけみんなと違うことをストレスと感じないのでしょう。

さて、夏が終わり秋が過ぎ、冬がやって来ました。学校では水筒持参をそのまま続けていますが、その子はまだ持ってくる様子が見られません。中に温かい物を入れてきていいのです。寒い日には飲みたくなるのではないでしょうか。でも、反応は違いました。

「別に水が好きだから……」

答えはこれだけです。暑い日にぬるい水を飲んでも、寒い日に冷たい水を飲んでもストレスと感じないのは、耐性があるからでしょう。

さて、あるとき運よくその子の母親にお会いすることができました。これは子育ての秘訣を聞けるチャンスと満を持して向かうと、また意外な答えでした。

「まあ、あの子が要らないっていうので」

これだけです。特別な育て方などしていないのにという感じで、むしろ不思議そうに私を見ていたのです。

私は大きな心得違いをしていることに気付かされました。ストレス耐性を身に付けさせるためには、何らかの仕掛けが必要だと思っていたのです。でも、母親の何も構えない姿勢から、変な気を使ったり、妙な仕掛けをしないことこそストレス耐性の獲得につながるのではないかとわかったのです。その後、お会いする機会はありません

でしたが、いつかどこかで、

「お母さん、勉強になりました」

この一言をお伝えしたいと思っています。

休み時間にひたすら鶴を折り続ける

教師からも親から見ても、休み時間は元気に校庭に出て、体を動かしている子のほうが良いと思いがちです。かく言う私も、休み時間にはみんなが教室を出払い、外に出かけているとホッとします。見た目として、活気があるように思えるほうが安心だからだと思います。でも、学校の休み時間というのは、子どもたちが唯一自分の意志で好きに過ごせる時間です。

「外は天気が良いから、みんなで外に出なさい」

そもそも、何かの規制をすること自体、タブーなはずです。それでも、「外に元気に出かける子＝良い子」と思いがちになるので、気を付けなければいけません。

今から10年以上前の話になりますが、将来プロサッカー選手を志望する子がいました。毎朝6時に学校に来て校庭で自主練習をし、雨の日も練習を欠かすことはありませんでした。小学生の全国大会でMVPを獲得すると、その後横浜F・マリノスのユースに入団。フォワードのレギュラーとして活躍しました。ユースでの活躍が認められると、エストニアのプロチームからオファーを受け、見事念願を果たしたのです。残念ながら故障のため今では引退していますが、夢を実現させた立派な教え子です。

その彼を6年生のときに担任したのですが、休み時間に没頭していたのが折り紙です。クラスのヒーロー的存在なので、友だちがいないわけではありません。いや、それどころか、みんなが彼と遊びたがったものです。

「ねえ、一緒にサッカーしようよ」

「うん。今度ね」

ニコニコしながら答えています。それで何をやっているのかと思うと、丁寧に折り目を合わせて鶴を折っているのです。とくに孤独を求めたり、練習の疲れを癒やしたりしている様子ではありません。一心不乱に鶴を折っているのです。それまでは何かストレスがあるのかと思い黙って見守っていましたが、あるとき教室で二人きりになると我慢できずに理由を聞いてしまいました。

「え？　折り紙が好きなんです」

言われてみれば、答えは単純なものでした。もっと複雑な何かを予想していたので、拍子抜けしたほどです。

折り紙に没頭する彼は、悟りを開いた聖人のようでした。試合でのストレスを折り紙で癒やしていたわけではなく、ただ折り紙と対峙していたのです。試合のストレスは、おそらく試合の中で解決していたのでしょう。だとすると、折り紙で精神的なバランスを取っていたわけではなく、サッカーの練習、レギュラー争い、海外への遠征、折り紙など、すべての場面が彼のストレス耐性を磨く機会であったことがうかがえます。周りを気にせず一人で黙々と折り続けるのは、誰にでもできることではありません。紙の端と端を合わせ、体をきれいに膨らませるのは、並大抵の集中力では叶わないからです。

今でも稀ではありますが、一人で黙々と何かに没頭する子がいます。母親はそんな我が子を心配するように言います。

「先生。休み時間に一人きりで読書なんて、ウチの子、大丈夫でしょうか？」

母親としては、イジメなどを気にするのでしょう。確かに、遊ぶ相手が一人もおらず、寂しそうに周りをキョロキョロしているのであれば私も心配しますが、泰然自若として一人でいるような子は違います。心配ないと言っても心配するのが親なので、そこは大仰にほめるようにしています。

「意味もなく誰かにくっついていても、そんなのは自分の人生とは呼べません。あの子は自分の意志で一人でも本を読んでいるので、それが嫌ではないのです。むしろ、満ち足りた時間なのではないでしょうか。だから、教室に誰もおらず邪魔されない環境の中、ゆったりと読んでいるのです。普通の子は一人でいることにストレスを感じるものですが、あの子は自分のやりたいことを阻害されることのほうにストレスを覚えます。元々、ストレス耐性が強いのではないでしょうか。そのように育てたのはお母さんなので、自信を持ってください。大成するのは、あの子のようなタイプです」

社交辞令ではなく、本当にそうなのです。一年中一人だとしたらコミュニケーション能力に課題があるのかもしれませんが、ときには一人でいるぐらいが実は丁度よいと思うのです。噂話や周りの意見に惑わされることなく、親はそこのところを正しく評価しなければなりません。

授業中、わからなくてもよく手を挙げる

授業参観後の学級懇談会が終わると、一人の母親が私のもとにやって来ました。

「先生。ウチの子、正解でもないのに何でも手を挙げて、間違ってばかりでした。いつも、あんな感じですか？」

「はい、そうです」

「ああ、やっぱりそうだったんですね。ウチの子、どこか変なんでしょうか？」

切羽詰まった様子だったので、椅子に腰かけ、丁寧に説明することにしました。

「どの子も家でちゃんと手を挙げて発言するように言われるでしょうし、私もどうしようか悩んだら手を挙げるほうを選びなさいと指導しています。つまり、彼はきちんと言いつけを守っているだけだと思います」

「でも、自信がなければ手なんか挙げなければいいのに……。だいたい、今日の授業参観での答えは間違いばかりでした」

「結果的にそうだっただけです。彼自身、合っているかもしれないと思って手を挙げたのです。全部合っている日もあれば、その反対もあるでしょう。誰も解けない問題が、彼だけ解けるということもあります」

「そんなによく間違っているのですか？」

「間違えがあれば正解もある。それが人生です」

「でも、もう少しよく考えてから手を挙げてほしいのです」

「何度も確かめをして、正解だという自信を持ち、周りの子とも確認して、ようやく合っている確証を得たとします。でも、そんなことをしていたら日常的に挙手できる子になると思いますか？」

「でも……」

「そもそも手を挙げるという活動は、正解探しではありません。わかったら、自分の意志で行動するという、主体性やコミュニケーション能力を磨く練習なのです。それを正解することを優先にしたら、恐くて誰も手を挙げられません。言い換えると、主体性やコミュニケーション能力といった、社会に出て活用する力を磨く場が一つなくなってしまうということです。それはもったいないことだと思いませんか？」

「でも、このままでは困るんです」

「誰が困るのですか？」

最後の質問をしたところで、母親はハッとした表情を見せました。クラスはもちろん、彼が困らなければ誰も困る人はいないはずなのに、母親自身が自分のメンツにこだわっていることに気付いたからです。

普段から自信がなくても手を挙げるようにすることは、子どもとはいえ大変なことです。トンチンカンな答えを出し、仲間の嘲笑を受けるリスクがあるからです。それが、授業参観となるとなおさらでしょう。正答を連発すれば、

「あの子、賢いわね」

と言われますが、誤答ばかりだと正反対の評価を受けること必至でしょう。それで

も手を挙げるわけですから、ストレス耐性が身に付いていると言えます。つまり、大人になっても生き抜いていける力をすでに獲得していることになるのです。これは大きな財産です。無意味な正解連発とは比べ物になりません。漢字でも、計算問題でも、歴史の年号でも、スマホ一つあれば即時に正解を導き出すことができます。でも、失敗しても前に進もうとすることができるストレス耐性は、一朝一夕に身に付きません。そんな稀有な力があるのですから、もっと喜んでほしいものです。

残念ながら、この話は最後まで母親に伝わりませんでした。授業参観では、活躍している我が子を見たかったのでしょう。でも、いつかわかる日が来ます。社会に出て何度潰れそうになっても、彼が這い上がる様子を目の当たりにする機会が必ず来るからです。ハリウッドで活躍した往年の大女優、メアリー・ピックフォードは言っています。

『失敗とは転ぶことではなく、転んだまま起き上がらないことです』

転ぶことくらい何とも思わない、ストレス耐性を持った子に育てたいものです。

2 家庭での生活編

元々、子どもは家ではストレスを溜めないように生活しようとするものでしょうから、その中でストレス耐性を評価するのは難しいことだと思います。とくに、日本人の場合、みんなと同じでないと、なかなか評価されないところがあります。

『世界各国の人々が乗った豪華客船が沈没しかかっています。でも、乗客の数に比べて、脱出ボートの数は足りません。船長は、乗客を海に飛び込ませようとしますが、船長が各国の人を飛び込ませるために放った言葉とは何でしょう?』

というエスニックジョークがあります。各国の人への言葉かけは、

・アメリカ人に対して…「飛び込めばヒーローになれますよ」
・ロシア人に対して…「海にウォッカのビンが浮いていますよ」
・イタリア人に対して…「海で美女が泳いでいますよ」
・フランス人に対して…「けっして海には飛び込まないでください」
・イギリス人に対して…「紳士はこういうときに海に飛び込むものです」
・ドイツ人に対して…「規則ですので海に飛び込んでください」

・中国人に対して…「おいしい食材（魚）が泳いでますよ」

であるのに対し、日本人には、

「みなさんはもう飛び込みましたよ！」

と言うそうです。みんなが、

「そんなの違うよ」

と言えば、疑心暗鬼になるのが日本人ですが、ここはアメリカ人のように思い切って自分の育て方を信じてみるのも良い手だと思います。案外、いい線行ってる事例が見つかるものではないでしょうか。

取っておいたお菓子が湿気って食べられなくなった経験がある――

好きな物を好きなだけ食べる子と、あとで食べようとして大事に取っておく子がいたとします。どちらがストレス耐性があるかと問われれば、間違いなくあとに取っておくような子だと答えます。好きな物をその場で食べられないストレス、面倒でも先に大事なことをしなければならないというストレスに打ち勝つ力があるからです。もっとも、ここで大切なのは、湿気って食べられなくなったという結果ではなく、大事だからあとに取っておこうという過程です。

「もうウチの子は、何度もお菓子を無駄にして……」

私がこの事実に気付いたのは、母親の訴えからでした。好きなはずのお菓子を、食べられなくなるまで放置していたというのです。その話を耳にしたとき、とても意外な気がしました。その子は物を無駄にするというようなこととは無縁なタイプだったからです。A4用紙に三角形を描いて残りは捨てるように言っても、

「何かに使えるかもしれないから……」

大事に机の中にしまっておくような子です。その子が好きなお菓子を平気でダメにするはずがないと思ったのです。そのことを本人に伝えると、

「すぐに食べるともったいないから……。先に宿題を済ませたら、次の日ももう少し頑張ってからと思っていたら、湿気っちゃって……。一度袋を開けたから、ダメになるのが早かったんだと思う。もったいないから食べようとしたんだけど、ママがダメだって。捨てることになったんだけど、本当にもったいなかったと思う」

この言葉を耳にして、私も腑に落ちたのです。

給食でも、嫌いな物に対する扱いは二つに分かれます。嫌いな物を先に食べる子と、あとから食べようとする子です。どちらが完食するかというと、子どもたちを日々見

ている範囲からして、嫌いでも先に食べようとする子です。嫌なことを先にしようとするのは、ストレスと向き合おうとする証です。先にストレスをなくしてしまおうという意志を持った子のほうが、完食する率が高いのは当然でしょう。

宿題についても同じことが言えます。

「明日までに漢字練習をしてきなさい」

と言えば、ほぼ全員が仕上げてくるところ、

「2週間後に漢字練習帳を仕上げて出しなさい」

と言うと、かなりの人数の子が忘れます。そのときは遠い先の締め切りなので、またいつかやればいいいと思い、そのまま放置してしまうからです。それが、ストレス耐性がある子は、翌日または翌々日には提出します。

「すぐに終わらせれば忘れることはないから」

面倒なことから先に仕上げようとすることができるのです。社会に出ると、短期的な目標だけでなく、長期的な目標まで掲げられます。

「長い取り組みでも、できれば短い期間で達成しよう」

という心がけを持っていれば、大きな失敗につながることはないでしょう。これは人生を左右する問題なのです。

多くの親がこう思うのではないでしょうか。

「ストレス耐性の兆しは、至る所に出るのではないか」

と。その通りです。だからこそ、見極める目が必要になってきます。ただお菓子を食べることを忘れただけなのか、あとに取っておいた結果ダメにしてしまったのかを、です。将来まで子どもが困らないように大切に育てているわけですから、いい線行っていることは多いはずです。子育てに関する本に目を通すと、

「○○すれば子どもは伸びます」

示唆に富んだ文言が並んでいますが、基本的には今までやってきた育て方で正解なはずです。

何時間でも生き物を観察している

何度も言ってきましたが、本当に親は子どもを愛しているのだと感じます。愛するがゆえに、何事も心配になるのでしょう。

「先生。ウチの子ったら、休みになるたびにアリの観察をしているのです」

子細を聞いてみると、砂糖やお菓子、パンや米粒などを庭に撒き、何を好んで持っていくのか観察しているのだそうです。私は素晴らしい取り組みだと思いましたが、

母親のとらえ方は全く異なりました。

「算数や国語をやっているのならいいんですけど、アリでは……」

芳《かんば》しい反応はありません。

もし、アリの観察が夏休みの自由研究だとしたらどうでしょうか。好きな食べ物をグラフにしてまとめ、その理由についても仮説を立てるのです。まとめた研究成果は、廊下に掲示します。なおかつ、

「ここまで一つのことを掘り下げた研究は見たことがありません」

全員の前で評価し、他の親からも称賛を受けることがあれば、

「ウチの子ながら、よくやったと思います」

ということになるでしょう。要するに、アリの研究だから認められないのではなく、親の眼鏡に叶う内容でなかったため、不本意だという反応になったのでしょう。

ところで、休みのたびにアリの観察をしていたこの子の取り組みには、どのような学習価値があるでしょうか。主体的に学習に取り組む意欲、学習計画を立てる力など、将来に役立ちそうな要素がたくさん詰まっているように見えますが、私は何より一ヵ所でじっと見ているその姿勢こそ無二のものだと思いました。言い換えると、ストレス耐性が身に付いていることになるでしょう。普通の子であれば、

「もう、いいや」

途中で放り出しているところです。それが休日になるのを待って観察を続けるなど、なかなか小学生にできることではありません。確かに、目の前の学力や将来の入試に直結するものではないでしょうが、一つのことに没頭する力や我慢強さは間違いなく大人になって生きるものです。

大切なのは、そうした評価を的確にしていくことです。もし、

「アリの観察なんて止めて、漢字練習しなさい」

母親がそう言い、子どもが従ったとしたら、

「テストの点数に関係ない勉強は、意味がないんだ」

という間違ったメッセージを送ってしまうところでした。漢字練習は深く考えなくても機械的にできるので、案外楽なものです。対して、答えが簡単に出ない課題は、我慢強さが求められます。点で見ると、漢字練習に軍配が上がりそうですが、大切なのはその子の一生涯という線で見ていくことなのです。

さて、実験結果ですが、意外な答えが出たようです。

「先生。アリは砂糖が好きだと思ってたけど、細かくしたお肉が一番人気だった。お菓子を割ったのもたくさん集まったけど、飴や砂糖はそんなに人気なかった」

私にとっても意外な答えでした。小さな粒で運びやすく、甘さも断トツなので、私も砂糖が一番人気だと思っていたからです。

「間違いないよ。だって、一回だけでなく、毎週何回もやってみたから……。今度は砂糖が大好物でない理由を調べようと思う。砂糖って、匂いがしないからかな？」

またユニークな課題を見つけたようです。その後の様子は聞きませんでしたが、嗅覚を確認する実験は再び膨大な時間を要しただろうと思われます。普通だったらストレスに感じられることが面白さになるのですから、この子の将来は明るいものに違いないという思いを新たにしました。

「そうですね、お母さん」

いつも早寝早起き

母親が我が子に長所がないことを自虐的に表現するとき、

「ウチの子は、早寝早起きくらいしか能がなくて……」

などと言うことが多いですが、早寝早起きを侮ってはいけません。これは母親が身に付けさせた立派な習慣です。子どもにそうさせるためには、母親自身も早起きが求められます。親子揃ってストレス耐性があると言うことができましょう。

「えっ、そんなことがストレス耐性につながるんですか？」

質問を受けたことがあるので、きちんと根拠も述べました。

反対のケースを考えてみましょう。遅く寝る子は、それまで何をしているのでしょうか。おそらくテレビを見たり、ゲームをしたりしていることが多いはずです。クラスの中で遅く寝る子に聞いてみると、

「ユーチューブを見てる」

という回答も多くありました。いずれにしろ、自堕落に過ごしている様子が多く見られました。

「どうして早く寝ないの？」

「何となく……」

という答えが多かったことから、とくに目当ての遊びがあるわけではなく、無為に時間を使っていることもわかります。そのような生活態度でストレス耐性が身に付くはずはありません。

早く起きられない子の大半は、前日の自堕落な生活をそのまま引きずっています。

「ウチの子は、何度起こしても起きなくて……」

は通用しません。そうしたければ、ある時間になったら家族みんなで電気をオフに

し、子どもが寝られる環境を作ることです。やることがなければ自然に寝るでしょう。中には、早く寝ても起きるのが苦手だという子がいます。睡眠のリズムや体質によってそうなるのでしょうが、

「もっと寝たい」

と言って、登校班に毎日遅れ気味になるのであれば、その子の生きる姿勢の問題でもあります。時間がギリギリになると何とか起きて支度するところを見ると、起きられない体質というほどではないのです。

早寝早起きは、この反対です。彼らは、もう少し遊びたくても我慢し、眠くて仕方なかったとしても、体に鞭打って起きる努力をするのです。ストレス耐性が身に付いている証拠です。たまに限界まで勉強して自分の可能性を試すことも無意味ではありませんが、就寝と起床は毎日のことです。毎日コツコツ続けていれば、それが少しの我慢だとしても、やがては積もり積もって大きな成果となるでしょう。だから、この母親の愚痴は全くの見当違いで、むしろ称賛されるべきなのです。

さて、普段から早寝早起きしているような子は、休日でも同じようなリズムで生活しています。

「先生。土曜日も5時に起きてるよ」

親はさぞ大変だろうと思いきや、

「家族も6時にはみんな起きて、一緒に朝ご飯を食べてる」

と言うから、親も偉いものだと感心します。いくら翌日が日曜日でも、就寝時間を遅らせることもしません。平日と同じ時間に寝ているのです。こうした週末を過ごしていれば、月曜日の朝に気だるいということもないはずです。すべてが良い循環に向かっていくでしょう。このスタイルが定着している家庭は、

「別に特別なことではないけど……」

と思っているようですが、規則正しく生活することで、ストレスに強い子育てができています。

「その育て方、正解なんですよ」

改めて伝えてもピンと来ていないような様子を見るにつけ、もったいないという気持ちでいっぱいになります。

きょうだいでよくケンカする

面談で兄弟姉妹の話が出ることが多くあります。とくに、上の子や下の子を受け持っていると、その子たちの近況報告から始まることもあります。一通り思い出話を

終えると、私のほうから質問します。

「きょうだいでよく遊びますか？」

遊ばないという回答のときはとくにそれ以上触れませんが、遊ぶという回答の場合は、その価値について重ねて次のように話します。

「きょうだいでよく遊ぶと聞き、だから我慢強いんだなということがわかりました。お互いにとって、いいことですね」

と伝えると、母親から不思議そうな視線を向けられることがあります。

「きょうだいで遊ぶことと関係ありますか？」

「はい。きょうだいというのは、互いに遠慮しないものです。言いたいことがあっても胸に溜めることなく、相手にストレートにぶつけます。気に入らないと、ぶったたたに発展することもあります。それでも、きょうだいなので、いずれケンカをおさめなければなりません。どちらが先に折れるかにも関係しますが、それはとてもストレスのかかるものです。きょうだいで遊ぶということは、我慢しなくてもいい環境の中、それでも我慢を強いられるということなのです。だから、きょうだい仲が良い子は、その分ストレス耐性が身に付いているとも言えるでしょう」

友だち関係は、子ども同士といえども、大きく関係が崩れると修復が難しくなることがあります。きょうだいという血のつながりは切っても切れないものですが、友だちは元々が他人同士です。はじめから、遠慮があるものです。

「ケンカするほど仲が良い」

友だち関係でそう言われるのは、自分の感情を剝き出しにできる真の友だちがいるということでしょう。子どもというのは、そうした剝き出しの感情をぶつけ合いながら成長していくものなのです。

ストレス耐性が身に付いていない子、つまり我慢強くない子に見られる特徴は、小さなときから我慢の経験が少ないことです。

「お菓子買って！」

母親にねだり、それでも買ってもらえなければ床にひっくり返って泣きます。観念した母親は買い与えるでしょう。歩くのに疲れたら、

「だっこして」

となることもあるでしょう。母親が希望通りだっこしてくれなかったら、その場でしゃがみ込むのも常套手段です。でも、きょうだいがいればそうはいきません。同じお菓子を買ってもらったとしても、なくなれば、

「お兄（姉）ちゃんのも食べたい」

となり、結果的に双方我慢を強いられることとなります。疲れたからと道でしゃがみ込んでも、母親は二人同時に抱きかかえることはできません。結局、どちらも自分の足で歩かなければならないことになります。きょうだいがいるということは、そうした環境が日常的に用意されていることなのです。ただし、きょうだいでよく遊ぶ仲でなければなりません。仲が悪いと、互いに干渉し合わず、

「勝手にしてれば」

となるからです。接点がなければ、我慢することもなくなります。従って、よく遊ぶきょうだいがいるというだけで、ストレス耐性が身に付く一助となるのです。

ところで、一人っ子の場合はどうでしょうか。その子たちのストレス耐性を高めるには、家の近くで仲の良い子ができるとよいでしょう。幼なじみであれば、やはり自分の感情をストレートにぶつける機会は多くなるはずです。〝公園デビュー〟が必要だとされるのは、実はそのあたりも無関係ではないと考えます。だからこそ、表面的な関係では子どもたちは切磋琢磨しません。

「きょうだいのように遠慮なく」

母親同士で確認し、思い切って実践してほしいと願っています。いずれにしろ、子どもにそうした相手を準備させられれば、親の方針としては正解です。

へそを曲げたらてこでも動かない

へそを曲げやすい子は、育てにくい一面もあります。

「先生。ウチの子ったら、ちょっと私が疑ったからって、何日も何日も口を利かないで困ってます」

理由を聞いてみると、

「学級だよりに忘れ物が多いと書いてあったので、〝これ、あんたでしょ〟って言ったら違うというので、頭に来て怒り続けていたら、とうとうストライキみたいな行動を起こして……。実際、どうなんですか？」

「忘れ物はないですね」

そう伝えると、母親は困った表情を見せました。

「どうしましょう？」

と言うので、

「放っておきましょう」

即答しました。ここであれこれ騒いでも、本人が余計頑なになるだけだからです。

元に戻るのを待つしかありません。落ち着いたところで、

「あのときはね……」

と切り出し、親子でじっくり話をすればよいのです。

こうした子どもの頑なさというのは、よく話題になることがあります。

「いつも同じように生き物の観察ばかりしているので、いい加減にするように注意したら、何もしなくなってしまいました」

「問題の解き方が違ったので、あれこれ言っていたら、私の前で勉強しなくなってしまいました」

頑固な子どもたちの様子に母親も手こずっているようです。しまいには、

「こんなので、ウチの子大丈夫でしょうか？」

その頑固さが仇になるのではないかと心配し、相談へとなるわけです。確かに、悪い方向に進むと大変かもしれませんが、良い方向へと進めば大きな武器になると考えています。母親たちの希望としては、柔軟な姿勢を持った子になってほしいということですが、柔軟さはときとして優柔不断な姿勢につながることもあります。要は、今後どのように長所へと持っていくかです。

頑固な子の良さとは、私はストレス耐性につながる可能性だと思っています。へそを曲げているのは、まだ小さな子どもなのです。それが何日も母親と会話しようとし

なかったり、食事が終わってすぐに部屋にこもったりするという状態は、ストレスが溜まるものです。心の声が聞こえれば、

「ママ、早く仲直りしたいよ」

「どうしてママから謝ってきてくれないの？」

そんなところでしょう。でも、頑なさゆえに、意地を張り続けるしかないのです。それでも頑張り続けているのは、ストレス耐性がある証拠なのではないでしょうか。ただ、それを正しくストレス耐性につなげるためには、頑なさをどう我慢強さに変えていくかが大切です。

「頑固なことばかり言ってないで、我慢することを覚えなさい」

と言っても逆効果です。子どもは再び殻に閉じこもり、振り出しに戻ってしまいます。大切なのは、子ども自身が自分の状態を客観視できること、つまりメタ認知できるようにすることが求められます。そのためには、親子の議論は欠かせません。しばらく経って親子共に落ち着き、互いの機嫌が直った頃、

「ところでさあ……」

と話を振ってみるといいでしょう。互いの機嫌に問題がなければ、話し合いはスムーズに進むはずです。

世界初のインスタントラーメン「チキンラーメン」や、世界初のカップめん「カップヌードル」の開発者として知られる日清食品の創業者、安藤百福《ももふく》はこんな言葉を残しています。

『開発リーダーに必要なのは安易に妥協しない頑固さである』

頑固さはけっして短所ではないのです。社会に出たとき、安易に妥協しない強い意志につながる期待が持てるというものです。それが他の誰でもない、あなたの子どもである可能性を考えたとき、何と素晴らしいことなのでしょう。

おわりに

伸びる子は案外ヘンなんです

正解のない子育て

世に出ている子育て本の解釈は、とても難しいのではないかと感じています。子育ては診断と処方という関係が成立しにくいからです。なにぶん、相手は人間なのです。思っていることと実際の行動が正反対などという例もよくあります。『ドラえもん』の中で、しずかちゃんが、

「のび太さん、大嫌い」

と言いながら将来結婚するのも、その代表的な例と言えるでしょう。場合によっては、自分の本当の気持ちでさえ気付かないこともあるのです。

確かに、医学的な内容であれば、正解は一つでしょう。医師が、

「インフルエンザの、それもA型ですね」

と言えば、疑う余地はないと思います。ですが、友だちとケンカしてしまった子どもを評価するとき、

「あの子は粗暴だから……」

「いや、正義感から相手を許せなかったんだと思う」

「そもそもあんなのケンカではないでしょう」

いろいろな見方ができるように、表出した事柄を的確に評価するのは実に難しいものです。その中でも、その子と一番接している母親が、子どものことをわかっているものと感じています。中には、

「親が一番わかってない」

という意見もあるでしょうが、では母親以上に誰がわかっているというのでしょうか。

「それは、先生でしょ」

なんて安易な見解は、無責任極まりないと思っています。私たち教師がわかっているのは、学校生活、それも授業を中心とした子どものほんの一部分です。その子をトータルに見るとしたら、母親に勝る存在はないでしょう。

子どもの見方でさえ分かれるのですから、子育て法についてはもっと見解が多岐にわたるはずです。とくに、育て方に困っているとき、正反対のアドバイスをもらうとどちらにしていいのか悩むところです。例えば、元気を通り越し、落ち着きがないと感じる子どもがいたとします。

「そんなの放っておけば、自然に落ち着きますよ」

先に子育てを経験している近所のお母さんはそう言うかもしれません。担任に相談すると、

「授業中も落ち着かないので、習字など落ち着いてじっくり取り組めるような習い事をするのも一つの手だと思います」

とアドバイスされ、日常的に観察している大人の目も無視できません。

「子どもはもっと母親とコミュニケーションを取りたがっているんですよ」

子育て本にはこうした専門家の意見が紹介されています。母親自身、子どもがエネルギーを持て余しているから、野球やサッカーを習わせようと考えていたとしても、どれが正解か判断するのは難しいでしょう。

育てにくい子の場合はとくにそうです。育てにくいという結果を、

「自分の育て方が悪かったからだ」

自虐的に見てしまう可能性があるからです。ですから悩んだ挙句、自分以外の発想を取り入れようという感じになるわけです。それでも、なかなかうまくいきません。

「いろいろ試してみたけど、どうにもこうにも……」

最後は面談での愚痴となるようです。

前向きにとらえたい育てにくさ

多くの母親と接していると、同じように育てにくさに困っているという話をよく耳にします。

「先生。あんまり勉強しないからって、いい加減にちゃんとやるように言うと、〝今やろうと思ってたのに、言われてやる気がなくなった〟となり、反対に黙ったまま様子を見ていても一向に机に向かう様子がありません。言ってもダメ、言わなくてもダメなので、一体私はどうすればいいのでしょうか?」

なるほど、切実な問題です。子どもというのは、母親とは別人格ですから、何を考えているのか理解するのも一苦労でしょう。

また、自分のお腹を痛めて産んだ子なので、多かれ少なかれ自分の希望通りになってくれるだろうと錯覚してしまう点も行き違いの原因になります。

「私がこれだけ言っているんだから、わかるでしょ」

実はこれが通用しないということが、ストンと腑に落ちていないのです。だからこそ、母親が、

「わかるでしょ」

と言っても、子どもは、

「そんなのわかるはずないでしょ」

行き違いになるのです。しまいには、

「自分の子どもなのに、何かおかしい」

となるわけです。

ただ、ここで確認しておきたいのは、その育てにくさが誰にとってなのかという問題です。周りにいるみんなが指摘するなら改善の必要がありそうですが、母親にとってだけの感覚であれば、それは思い込みである可能性も否定できません。子どもに対する評価は担任によっても全く違うのです。ある担任が、

「この子は私が何か言うといつも反論ばかりして、揚げ足取りの名人です」

と言っていたかと思うと、新年度になって別の担任に替わり、

「あの子の感覚は面白いですね。私とは別の角度から物を見ることができるので、話していてとても楽しい子です」

と言われることもあるのです。リーダーシップに関するとらえ方も全く異なるときがあります。ある担任が、

「この子は誠実で、みんなをまとめるのが上手よ」

クラスで一番のリーダーとして推していた子を、次の担任が、

「周りの目を気にしていて、優柔不断なところが気になるけど……」

逆に配慮が必要な子として見ることもあるのです。もちろんその反対もあります。

「あの子は落ち着きがなくて困る」

と悪評を伝えられた子が、その後クラスに活気をもたらすピカ一のリーダーになったなんて話を耳にしたこともあります。

大切なのは、自分にとってどうかではなく、仲間を困らせていないか、その子がこれからの時代や社会に順応して生きていけるかといった点から見ていくことです。そうすると、弱点はときに長所に見えてくるはずです。もっと言えば、手がかからない子のほうが心配かもしれません。誰にも注意されず、今までの生き方を振り返ることもなければ、現状に甘んじてしまうかもしれないからです。

「ちょっと待てよ。僕はこのままでいいのか……？」

「なぜ私は注意されるのだろう？」

自問自答する経験は必要なはずです。それなのに、多くの母親が手のかからない子を求めているのです。

誰だって隣の芝生が青く見えるものです。頭が良くて、親の言うことを何でもちゃんと聞いて、どの先生からも怒られたことなどなくて、何か悪いことをしたとしてもすぐに反省できて……。クラスで評判の〇〇さんは、きっとそのように映っていることでしょう。でも、本当にその子は大きくなっても困らない人生を歩んでいけるのでしょうか。社会に出たときに必要な力として、学業成績、規律性などが不可欠だと言われることはありません。大切なのは、コミュニケーション能力、主体性、チャレンジ精神、ストレス耐性などです。さほど重要でない力を理想像とし、そこにこだわるのは時間も労力ももったいないことです。

「まあ、この程度なら良しとしないと……」

くらいにとらえておけば、育てにくさも許容範囲に含まれることでしょう。そうした発想の転換こそ、親子共に幸せになる秘訣だと思っています。子育てにかかる手間はどの子も同じだとしたら、早い段階で子育てに苦労することで、将来子どもが困らないように先行投資しているのです。

やはりいい線行ってるのでは？

ここまでいろいろな具体例を挙げながら、

「実はいい線行ってるのではないですか？」

というメッセージを送ってきました。それでも、

「今まで挙げてきたのは、すべて一握りのうまくいった事例じゃないですか？」

反論もあることでしょう。確かに、授業が始まっているのに気付かずそのまま校庭で遊んでいるような子は、自堕落になる危険性があります。ただ、危険はつねに安全と隣り合わせにあることを言いたいのです。

何かに夢中になれる子は、周りが見えなくなるという弱点があるかもしれません。優しい子は、情に流されやすいということもあるでしょう。警察官は、

「スピード違反があったけど、今日のところは許してあげようかな……」

では済みません。子どもが持っている性格や特質は、何事も表裏一体です。良い面が出ていれば安泰ですが、長所はときに短所になります。従って、今は悪いように見

えても、けっして悲観することはないのです。

今まで弱点だと思っていたことでも、もしかしたら長所ではないかと思った瞬間、子どもは変わっていきます。

「お腹が空いたからって、どうして冷蔵庫を開けて食べてるの？　ママ、このチーズ使おうと思ってたのに……」

だと、次から勝手に冷蔵庫を開けないばかりか、自分から勝手に行動してはいけないというメッセージになります。でも、これが主体性が身に付きつつある兆しだと思えれば、

「ママの助けを借りずに、よく自分で食べられるものを探したわね」

その子をほめれば、

「今度はもっとママを助けよう」

やがては自炊するようになることも期待できます。

このように、よほどのことがない限り、子育ては結構いい線行ってるものです。でも、多くの母親は不安に苛《さいな》まれるようです。理由は簡単、誰もそれで良いとは言ってくれないからです。これからも言ってはくれないでしょう。そんなときは、子どもの未来像や未来社会に目を向けるといいと思います。

「これから数十年後、タフな子に育ったほうが子どもが得するから……。タフな子にするためには、他人に揉まれる経験が必要で、そのためにはいろいろなタイプの友だちがいたほうがいいだろうし、そのためには知らない友だちでも連れてくるくらいが丁度いいかも……。だったら、今のままでいいじゃない」

となってほしいのです。

そうなると、子どもは楽なものです。今まで怒られてきたようなことでも、ほめられることが増えるからです。そうすると、そこをもっと磨こうと思うでしょう。磨くためには、答えがよくわからなくても手を挙げていた自分を振り返るでしょう。次に、こう考えるはずです。

「よし。これからも手を挙げるのは続けていこう。でも、違うより合っているほうがいいから、もう少し予習してから学校に行こうかな」

こうしてもっと進んで勉強するようになるのです。

子どもとはいえ、それなりに一生懸命に生きているものです。

「どうしてそんなこともできないの？」

否定されるより、

「今はできなくても、次はできるようになりそうね」

肯定されたほうがいいに決まってます。今の方向性で間違っていないのではないかというとらえ方は、親子にとっても幸せな考え方なのです。

今日からチャレンジ

思い切って、今日から試してほしいと思います。子どもの言動で問題があると感じても、その延長線上を見るように努めるのです。

「うん、ウチの子は夕飯のとき、よくこぼしてばかりいるけど、その延長は？」

ここでは前向きな方向性は何も出てきません。だとしたら、それは紛れもなくきちんと注意すべき事柄です。

「ご飯のあと、お菓子ばかり食べている」

この延長線上には、自堕落な生活しか見えません。こうした生活習慣も改善するように促すべきです。

「ウチの子は、寝る瞬間まで元気に遊んでいる」

この延長線上の姿を見ていくと、

「寝る直前までやりたいことがあるのだから、活発だと言える。それに、やりたいことがあるのは、自分で物事を考え決断している証拠だ！　うん、間違いない」

となれば、今までただうるさかっただけの子どもが、将来有望な可能性を秘めた子に変化して見えるものです。また、このとらえ方も正解です。自分で考え決断するのは、主体性を身に付けている証だからです。こうした積み重ねが、誰かに依存せず自分で意思決定していく生き方につながっていくのです。

それでも、躊躇する母親はいます。聞いてみると、

「私の見極め自体、正解なのかどうかわからないんです」

というのが理由です。でも、間違っていてもよいのです。ホンダの創業者、本田宗一郎はこんな言葉を遺しています。

『成功とはあなたの仕事のほんの1パーセントに当たるものだが、それは失敗と呼ばれる99パーセントのものがあって初めて生まれてくるものである』

親だって、初めて親稼業に就いているのです。子育ても失敗の連続のはずです。それでも、99の失敗を経て、貴重な1にたどりつけばいいのではないでしょうか。たった1の正解が、子どもの人生を左右する貴重な発見であることは否定できません。本田宗一郎はこうも言っています。

『開拓精神によって自ら新しい世界に挑み失敗・反省・勇気という三つの道具を繰り

返して使うことによってのみ、最後の成功という結果に達することができると私は信じています』

正解、つまり成功という結果に向けてもがいている過程こそ大切なのです。完璧な成功など、誰にもわからないはずです。その子は、この世にたった一人の存在であり、その子にとってのベストなど、どこにも書かれた答えがない以上、一人ひとり探していく以外、道はないのです。

そうした中で、

「今の弱点って、もしかしたら長所かも……」

と考えることは、とても楽しい時間になるはずです。我が子の良さを再発見する経験になるからです。だとしたら、自虐的に自分を責めたり、他の子をうらやんだりしている時間すらもったいないものです。

「さあ、今日からチャレンジしてみませんか？」

それが最後に皆さんに贈りたい言葉です。

著者略歴――――
齋藤　浩　さいとう・ひろし
1963(昭和38)年、東京都生まれ。横浜国立大学教育学部初等国語科卒業。佛教大学大学院教育学研究科修了(教育学修士)。現在、神奈川県内公立小学校教諭。日本国語教育学会、日本生涯教育学会会員。これからの時代に合った学校教育の在り方を研究している。著書に『子どもを蝕む空虚な日本語』『教師という接客業』(以上、草思社)、『理不尽な保護者への対応術』『"学校のルーティン"を変えてみる』(以上、学事出版)などがある。

お母さんが知らない
伸びる子の意外な行動

2021年7月22日　第1刷発行

著　者　齋藤　浩
デザイン　アルビレオ
イラスト　本田　亮
発行者　藤田　博
発行所　株式会社 草思社
〒160-0022　東京都新宿区新宿1-10-1
電話　営業 03(4580)7676　編集 03(4580)7680

本文組版　横川浩之
印刷所　中央精版印刷株式会社
製本所　株式会社坂田製本

ISBN978-4-7942-2529-0　Printed in Japan　検印省略